迎大旗

迎大旗

总主编 陈广胜

浙江省非物质文化遗产代表作丛书

周琼琼　陈浪浪　编著

浙江古籍出版社

浙江省非物质文化遗产
代表作丛书编委会

前 言

浙江省文化广电和旅游厅党组书记、厅长 陈广胜

中华文明在五千多年的历史长河里创造了辉煌灿烂的文化成就。多彩非遗薪火相传，是中华文明连续性、创新性、统一性、包容性、和平性的生动见证，是中华民族血脉相连、命运与共、绵延繁盛的活态展示。

浙江历史悠久、文明昌盛，勤劳智慧的人民在这块热土创造、积淀和传承了大量的非物质文化遗产。昆曲、越剧、中国蚕桑丝织技艺、龙泉青瓷烧制技艺、海宁皮影戏等，这些具有鲜明浙江辨识度的传统文化元素，是中华文明的无价瑰宝，历经世代心口相传、赓续至今，展现着独特的魅力，是新时代传承发展优秀传统文化的源头活水，为延续历史文脉、坚定文化自信发挥了重要作用。

守护非遗，使之薪火相续、永葆活力，是时代赋予我们的文化使命。在全省非遗保护工作者的共同努力下，浙江先后有五批共241个项目列入国家级非遗代表性项目名录，位居全国第一。如何挖掘和释放非遗中蕴藏的文化魅力、精神力量，让大众了解非遗、热爱非遗，进而增进文化认同、涵养文化自信，在当前显得尤为重要。2007年以来，我省就启

动《浙江省非物质文化遗产代表作丛书》编纂出版工程，以"一项一册"为目标，全面记录每一项国家级非遗代表性项目的历史渊源、表现形式、艺术特征、传承脉络、典型作品、代表人物和保护现状，全方位展示非遗的文化内核和时代价值。目前，我们已先后出版四批次共217册丛书，为研究、传播、利用非遗提供了丰富详实的第一手文献资料，这是浙江又一重大文化研究成果，尤其是非物质文化遗产的集大成之作。

历时两年精心编纂，第五批丛书结集出版了。这套丛书系统记录了浙江24个国家级非遗代表性项目，其中不乏粗犷高亢的嵊泗渔歌，巧手妙构的象山竹根雕、温州发绣，修身健体的天台山易筋经，曲韵朴实的湖州三跳，匠心精制的邵永丰麻饼制作技艺、畲族彩带编织技艺，制剂惠民的桐君传统中药文化、朱丹溪中医药文化，还有感恩祈福的半山立夏习俗、梅源芒种开犁节等等，这些非遗项目贴近百姓、融入生活、接轨时代，成为传承弘扬优秀传统文化的重要力量。

在深入学习贯彻习近平文化思想、积极探索中华民族现代文明的当下，浙江的非遗保护工作，正在守正创新中勇毅前行。相信这套丛书能让更多读者遇见非遗中的中华美学和东方智慧，进一步激发广大群众热爱优秀传统文化的热情，增强保护文化遗产的自觉性，营造全社会关注、保护和传承文化遗产的良好氛围，不断推动非遗创造性转化、创新性发展，为建设高水平文化强省、打造新时代文化高地作出积极贡献。

目录

序言
PREFACE

磐安位于"四州六县"交界之处,被誉为"群山之祖、诸水之源",自古为文人雅士避世隐居地。许逊、萧统、卢琰、陆游等都曾在此留下传奇佳话,孔子后裔在此繁衍出南方最大的聚居地,玉山古茶场被誉为中国茶文化"活化石"。历经千年大浪淘沙,那些在磐安大地上留存至今的优秀传统文化逾加珍贵,那些仍随处可见、异彩纷呈的非物质文化遗产,更是磐安人文图景中闪耀夺目的一笔。

非物质文化遗产,是一个区域珍藏的记忆和延续的文脉,也是一个民族文化的印记和智慧的结晶。2022年11月29日,磐安非遗在全世界出圈。我国申报的"中国传统制茶技艺及其相关习俗"项目,成功列入联合国教科文组织人类非物质文化遗产代表作名录,申报内容里"赶茶场"为唯一一项庙会类项目。"迎大旗"则是"赶茶场"的主要活动内容之一。

迎大旗又称"迎龙虎大旗",传承于磐安东北部山区,迄今已有800多年历史。最初是当地百姓为纪念晋代道士许逊教化农民种茶、制茶而进行的一种古老民俗及民间文化活动;明清以来,又融合了戚继光抗倭、乾隆敕封娘旗等传说,成为一项集竞技、娱乐、信俗、艺术于一体的传统体育游艺活动。迎竖时,锣鼓紧催,人声鼎沸,上百壮汉齐心协力将主旗杆高30多米、旗面600多平方米的龙虎大旗进行迎竖,竖起后旗面上"龙虎相斗"图案活灵活现、猎猎起舞,观之如真有龙虎相争,有气壮山河之势。

作为"平地起高楼的空间艺术",迎大旗活动与磐安独特的茶文化、庙会文化、审美文化渊源深厚,是磐安特色茶叶经济的产物,是流传于民间的许逊信仰的生动见证,是明代抗倭历史的可贵遗存。整个"迎大旗"过程,需要极强的向心力、凝聚力,彰显了众志成城、协作配合、奋进向上的精神气质。经过多年的保护、传承和发展,迎大旗已是磐安地方文化的独特名片,成为体现当代价值、涵养文明乡风、讲好磐安故事的活态载体。

迎大旗是磐安非遗保护的一个缩影。作为非遗大县,磐安始终高举挖掘、保护、传承和弘扬非遗的大旗,全力打造具有本地特色的系统化非遗保护传承体系,做深"非遗+景区""非遗+村庄""非遗+产业""非遗+研学""非遗+工坊"等文章,形成了生态良好、生机盎然的非遗保护生动局面。

本书追溯了迎大旗的起源和发展演变过程,阐述了其鲜明特色和文化内涵,详解了其时代价值和现实意义。文化之功,遇时而彰;绵薄之力,为之幸甚。期待读者阅后,能够感受到磐安特色鲜明的地域文化,以及"山容万物、坚如磐石"的磐安精神,推动文化遗产融入大众生活、体现当代价值。

是为序。

中共磐安县委常委、宣传部部长

李威良

一、概述

迎大旗又称迎龙虎大旗，传承于磐安东北部山区，以玉山古茶场为竞演场所，是赶茶场活动中标志性的民间艺术项目，也是目前国内罕见的群体性传统民间竞技活动。

一、概述

打开浙江地图，将它横竖对折，在正中心的位置上，有一个地名——磐安。

磐安东邻天台，南接仙居、缙云，西连东阳、永康，北与新昌接壤。清代以前，其地域分属东阳、永康、天台、缙云等县管辖。清初，曾设四平县。1939 年设磐安县，1958 年并入东阳，1983 年恢复县建制。县名寓意美好，出自《荀子·富国》中"国安于盘石"（盘石即磐石）之说，意为"安如磐石"。县域总面积1196 平方公里，人口 21.31 万人。下辖 7 镇 5 乡 2 街道、216 个建制村、20 个社区。

磐安的地质地貌年代，目前已推至 200 万年前的冰川时代。磐安县尖山镇夹溪大峡谷内分布着数量众多的大小"石涡"，2007年，中国地质研究所韩同林教授带队考察后表示，这是他见过的中国分布最集中、保存最完好的冰臼群。经考察确认的冰臼约有200 个，其中深 8 米、直径 4 米的"天螺涡"被韩同林誉为"天下第一臼"，完整保留着 200 多万年前冰川期遗留下来的风貌。

早在 4000 多年前，被称为"瓯越人"的先民已在这片古老的

冰臼群（应敏摄）

土地上繁衍生息。好山好水的磐安，也是历代文人墨客士大夫避世隐居的桃花源。

磐安素有"群山之祖，诸水之源"之称，钱塘江、瓯江、曹娥江、灵江四大水系在此发源，天台山、括苍山、仙霞岭、四明山等山脉在此发脉。磐安是全国首批国家级生态示范区、国家生态县、国家重点生态功能区和国家生态文明建设示范县，全县森林覆盖率达 83.68%。

磐安是"中国药材之乡"，大盘山自然保护区是全国唯一以中

磐安云海（蒋秋良摄）

一、概述

药材种质资源为主要保护对象的国家级自然保护区，"浙八味"中白术、元胡、玄参、贝母、白芍主产于磐安，俗称"磐五味"。

磐安是"中国香菇之乡"，年鲜菇出口量占全国 50% 以上。

磐安是"中国生态龙井茶之乡""中国名茶之乡""中国茶文化之乡"，列入龙井茶原产地保护，共有茶园 8.7 万亩。

磐安也是非遗大县、中国民间艺术之乡，有赶茶场、迎大旗、炼火等非物质文化遗产项目 186 项，其中，人类非遗项目 1 项，国家级非遗项目 3 项，省级非遗项目 16 项。

磐安非遗中，气势磅礴、惊心动魄的迎大旗独树一帜。迎大旗又称迎龙虎大旗，传承于磐安东北部山区，以玉山古茶场为竞演场所，是赶茶场活动中标志性的民间艺术项目，也是目前国内罕见的群体性传统民间竞技活动。大旗旗面可达数百平方米，上绘（绣）龙虎等图案，旗杆高 30 余米。大旗竖起后迎风招展，规模宏大，场面甚为震撼，令人叹为观止。

迎大旗是民俗、艺术、体育竞技相融的多元性项目，是地方历史文化的活态载体，同时体现了团结拼搏、坚韧不拔、勇往直前的精神，在当下社会仍然有着多元的价值、积极的意义。

2006 年 6 月，时任浙江省委书记、省人大常委会主任习近平视察玉山古茶场，详细了解了玉山古茶场的历史渊源，嘱咐当地领导要弘扬春社、秋社、迎亭阁花灯、竖龙虎大旗等民俗文化，

八旗飘扬（郭丽泉摄）

保护开发好玉山古茶场。

2006年，迎大旗被列入第一批金华市非物质文化遗产代表性项目名录；2007年，被列入第二批浙江省非物质文化遗产代表性项目名录；2021年，被列入第五批国家级非物质文化遗产代表性项目名录。

二、迎大旗产生的背景

磐安峰峦叠嶂、山高水远的地理环境，造就了磐安人民坚韧不拔、顽强不屈的性格，也形成了粗犷豪放原生态的文化特征。

迎大旗是磐安特定地理环境和地域性格的产物。

二、迎大旗产生的背景

　　一方水土养一方人，一方水土孕育一方文化。文化往往具有本土性，与当地的地理环境、历史传承、地域性格等等密切相关。磐安峰峦叠嶂、山高水远的地理环境，造就了磐安人民坚韧不拔、顽强不屈的性格，也形成了粗犷豪放的原生态文化特征。迎大旗是磐安特定地理环境和地域性格的产物。

　　那么，独树一帜的迎大旗，是如何起源、形成并演变的？

　　驱赶野兽，是迎大旗的来源说之一。《磐安风俗志》记载："传说，古时山区野兽甚多，庄稼常受其害，农民把劳动用的围裙系在竹竿上，呼喊着驱赶野兽，以后就逐渐演变为迎大旗。"而据目

许逊真君塑像（磐安县非遗中心提供）

前推考，迎大旗较为确切的缘起，可以追溯到磐安玉山地区的茶神信仰和赶茶场庙会。据传，晋代道士许逊曾游历玉山，教茶农栽培茶叶，研究茶叶加工工艺。玉山百姓感念许逊恩德，尊称其为"真君大帝""茶神"，建庙立像，四季朝拜。

此后，以许逊崇拜为核心的赶茶场活动应运而生，迎大旗成为赶茶场活动中独树一帜的节目。

明代，迎大旗活动融入了抗倭运动的传说和史实。根据玉山当地百姓口口相传，雄壮威武的龙虎大旗是抗倭战旗的象征，迎大旗时众人协力、不畏险阻之气势，乃义军勇往直前、战无不胜精神的再现。

[壹] 地理环境铸就的地域性格

早在 4000 多年前，文溪、好溪、夹溪两岸已有先民繁衍生息。据目前考古发掘资料统计，磐安已登记在册的新石器、商周文化遗址达 18 处。新渥街道深泽社区的小园山遗址 20 世纪 80 年代曾出土西周云纹铙；2005 年，浙江省文物考古研究所在小园山背进行发掘，发现 52 个柱洞，据专家考证，为商周时期的建筑遗址。磐安县的金钩、冷水、浮牌等遗址，发掘出土为数众多的石刀、石斧、印纹陶片、青瓷罐、青瓷鼎等文物。

不知道几千年前的先人从何处而来，可以肯定的是，他们必然经历了十分艰苦的跋涉才到达这里。在磐安这片土地上生存，他们必然付出了超常的努力。因为与丘陵平原相比，高山绵延的磐安，生存环境可谓艰苦。

磐安多山。磐安境内，有称谓的大小山峰有 5200 多座，注明标高在 1000 米以上的 63 座，海拔 1314 米的清明尖（青梅尖）为

境内最高峰。磐安县境内山地占总面积的 91.48%，耕地占总面积的 5.79%，河滩和水域占总面积的 2.47%，故有"九山半水半分田"之谓。一代代磐安人在这片山高水远的土地上繁衍生息，自古勤劳善良、淳朴敦厚；另一方面，"近于山者其人质而强"，山谷之民，性格中有大山的硬气，猛烈彪悍，顽强不屈。

因水深林茂，山地阻隔，磐安自古就是世外桃源、避乱之地。

大盘山（陈兆贤摄）

据说梁昭明太子为逃避杀身之祸，从南京潜至浙江，曾在磐安大盘山麓隐居；诗人陆游少时也曾在磐安避乱；孔子第四十八代孙孔端躬择此而居，自此有了"婺州南孔"；一代忠良卢琰携柴氏遗孤隐居大山下而繁衍"九支卢"……隐匿于群山之间的文宗儒气，融以当地山民的坚忍率真，形成了磐安独特的人文特征。

磐安著名的历史人物身上，或多或少都凝结着此种精神特质。

唐代左都御史陈通制执法无私，史称"白简凝霜"。宋代有中进士而辞官不做，编写成二百卷巨著《舆地纪胜》的地理学家王象之；有深知兵法而凛不可犯的武状元、护国紫金光禄大夫周师锐；有抗元名将、九州安抚使王霆；有被陆游称为"其义可依，其勇可恃"的一方义士陈宗誉；有两袖清风、家贫如洗的驾部阁著作郎陈黼；有著作丰赡、直言清节的参知政事陈宗礼。元代有"诗豪文壮，砥节高简"的平章政事周如玖。明代有举兵退元奏凯不仕的曹璟；有"扶邑人教育而弹财不吝"，一人代输官税二十年并独力重修万工城的陈怀堂……

磐安人民也富于斗争精神。早在东晋时期，卢循起义曾以大盘山区为根据地发展壮大其队伍。元代初年，农民起义领袖杨镇龙以玉山为根据地，杀马祭天，称"大兴国"皇帝，国号"安定"，而"东南大振"。明代抗倭斗争中，安文陈百二率众设寨马鬃岭，挫倭前锋。清初羊吉起义，缙云、永康、东阳三县农民纷纷响应。白头军起义遍及全县各个乡村，坚持斗争十年之久。清代咸丰年间，云山农民响应太平军起义，截杀清朝知府和参将于中田。光绪年间，玉山乡民与光复会联络，组织九龙党，进行武装暴动。宣统年间，新渥、深泽等地乡民举行反清乡斗争，聚六百人抗击清军……

"山容万物，坚如磐石"，这是当代提炼的磐安精神，也是对磐安人文特质和地域性格的精准概括。

地方文化往往蕴含着当地特有的精神价值、思维方式和表现风格。峰峦叠嶂的地理环境、古老悠久的历史传承、顽强不屈的地域性格、勇于斗争的精神传统，造就了磐安鲜明的山地文化特征：风格粗犷豪放，山野气息浓郁，极具原生态性。

此种特征，在磐安非遗中表现得淋漓尽致。

如炼火。磐安炼火起源于先民对火的崇拜，因表演者赤脚在通红的炭火上操演而得名。炼火者只穿一条裤衩，手持钢叉，高

磐安炼火（裘永刚摄）

声呐喊，赤脚冲进通红的火堆，场面惊心动魄。炼火者赤脚赤膊踏火山、闯火海而能安然无恙，令观者无不称奇。炼火体现了自强不息、赴汤蹈火、勇往直前的精神。

又如先锋吹奏。先锋是一种长号，分两节，能伸缩，每节长约 60 厘米，口呈喇叭形。表演时，先锋演奏人员列队一齐吹奏，其声浑厚嘹亮，响彻云霄，让人热血沸腾。

磐安先锋（陈志身摄）

再如九和狩猎。600 多年来，九和乡岩甲村在长期的狩猎过程中形成了特有的狩猎文化。每隔十年要举行猎神开光仪式，每次狩猎前都要举行开猎仪式，祭拜三位猎神，祈求猎神赐下"狩猎之福"，以求"出有所猎，归有所获"。

磐安非遗风格粗犷、气势恢弘的特色，在"四大"中表现得尤为突出。所谓"四大"，是指大旗、大凉伞、大祭马、大宫灯。

大祭马，马身巨大，仅制作框架的毛竹就要 600 多公斤，工艺复杂。马身用篾扎，底座为木架。

大凉伞伞柄高 3 米，伞面为半径 1 米的六棱体或八棱体，伞的上面还有高 0.7 米的亭阁模型，外饰是十分精致的彩色纸花，画上并塑起各式各样的人物花鸟，棱角处挂各色纸球和流苏，在伞类中可谓独一无二。

大宫灯呈球状，外面套用红绸，非常美观，可以像雨伞一样撑开收拢，深受喜爱。1998 年元宵节期间，磐安县双峰宫灯厂特制的直径 15 米的大宫灯高高悬挂在北京天安门广场。

"四大"中场面最为壮观、气势最为恢弘的无疑是迎大旗：

　　玉山区每年古历十月十五日茶场庙庙会要迎大旗，大旗需布六十平方丈（一亩田的面积），大旗上绣上龙凤。刺绣工夫数月。旗杆约有七丈多长，分上下两段。下段为一根修长大杉木，上面一段是一根特大而长的大毛竹。撑杆也是特大的毛竹。

1998年两盏双峰大宫灯挂在天安门广场迎接元宵节的到来（磐安县非遗中心提供）

须壮汉四十余人抬旗布，背着竹竿呼啸而至，在紧锣密鼓与呐喊声中迅速将大旗竖起，然后将大旗慢慢移动。此时捧杆的、捧撑杆的、拉索的，须互相配合，一致努力，不得疏忽。

20世纪80年代出版的《磐安风俗志》中一段简约生动的描述，写出了迎大旗特有的气势。

[贰] 玉山茶道的文化渊源

迎大旗与玉山地区独特的茶文化、庙会文化、民俗文化渊源深厚。玉山现属磐安，以前属东阳。现今的磐安由原东阳的瑞山乡、盘山乡、玉山乡和缙云、仙居、永康、天台的一部分组成。原玉山乡为东阳的二十四都（现尚属东阳管辖）、二十五都、二十六都（古茶场所在地属二十六都）、二十七都、二十八都、二十九都、三十都、三十一都。

1. 玉山台地与茶叶种植

层层叠叠的茶园坐落于海拔 500 米以上的青山绿水间，一垄垄修剪得整整齐齐的茶树间，点缀着一个个采茶女的身影……在春天的玉山，这是最为常见的场景。采茶制茶，一直是玉山人民的主要经济来源之一。

19 世纪，德国地质地理学家李希霍芬曾经描绘过玉山采茶制茶场景。李希霍芬是斯文·赫定的老师，首创"丝绸之路"概念。在近代中国地质学界，李希霍芬有着举足轻重的地位。1933 年，著名地质学家翁文灏曾撰文评价："中国地质学之巩固基础，实由德人李希霍芬氏奠之……因李氏之成就，而节省吾人十年之工作时间。"

1868 年至 1872 年间，李希霍芬对中国进行了 7 次地质考察，足迹遍布当时 18 个行省中的 13 个。1871 年 6 月 12 日至 8 月 8 日，在一年中最热的时候，李希霍芬进行了浙江、安徽和江苏的旅行。他从宁波出发，由天台进入玉山台地，经磐安到达东阳，之后沿江而下，经佛堂、金华城直至兰溪，对于沿途地貌及风土人情有较为详细的描摹，留下了 19 世纪 70 年代的一页风情录。

李希霍芬对于玉山茶园的记载，见于其著作《李希霍芬中国

迎大旗

旅行日记》：

　　之后不久我们来到了一个大村庄马塘，又行十里，到了另一个村庄岭口……过了塘婆岭之后，我们又向上走了700米……之后又陡然深入一条流向嵊县去的河谷。

马塘村正是玉山古茶场所在地。在日记中，李希霍芬详细描写了采茶场景：

　　从岭上看，所见也是一片美丽的山地，其特征明显是石英斑岩。这里是重要的产茶区，我看到许多崭新的茶园，显然这里的土质普遍适于种茶，因此能够大面积地拓展茶园。住在岭上的一家人正在忙着采茶。

　　正值采茶制茶的时节。眼见数以百万计的茶叶分好几次流过采茶人的双手，除了让人惊奇之外，更是一件趣事。有几个人负责将茶叶从树上采下来，然后送回家去。因为采茶是从梗上摘叶，难免把梗也带进茶里，所以回家还要把梗拣出来。捡的时候要一片叶子一片叶子地理，把没用的东西扔一边。之后马上开始第一轮炒茶，能看到茶农家里炒茶用的锅已经支好。这是所能见到的最美的家庭场景，祖孙三代各司其职，有采茶的，有拣梗的，有炒茶的。这周围最好的茶园在高500米至800米的地方。不像福钧所说的在山脚下，而是多在山坡的上部或山顶上，特别是山顶平坦处。山顶上除了有茶还有玉米、

茶园（郭丽泉 摄）

甜薯、高粱、谷物和豆类等，甚至还有水稻，不过都在较深的峡谷里。

李希霍芬认为所能见到的最美的家庭场景——祖孙三代各司其职采茶制茶，在磐安或许已经持续了千百年的时间。

玉山是个台地。台地是指四周有陡崖、直立于邻近低地、顶面基本平坦似台状的地貌。有人认为台地是高原的一种，但一般而言，海拔较低的大片平地称为平原，海拔较高的大片平地称为

高原。台地介于两者之间，海拔在一百至几百米之间。

玉山台地面积约50平方公里，囊括尚湖、万苍、玉山、尖山、胡宅等乡镇。玉山台地地势平缓，土壤为熟化红黏土，具红、酸、厚、黏等特点，适宜各种作物生长。再加上地势高，终年云雾缭绕，雨量充沛，日光漫照，玉山台地成为茶叶种植的理想场所。

早在唐代时，磐安茶叶已经非常有名。唐代李肇的《国史补》记载："风俗贵茶……婺州有东白。"婺州东白，产于东阳市东白山和磐安大盘山一带。当时中国产茶地共十三省四十二州，列贡茶共十四目，婺州东白作为名茶，被列为贡茶，排第十位。

到了宋代，玉山茶叶发展很快，形成了比较兴隆的茶叶市场。

2.中国茶文化活化石——玉山古茶场

在玉山，有一处被称为中国茶文化活化石的地方——玉山古茶场。玉山古茶场位于马塘村的茶场山下，建于宋代，迄今已800余年，清乾隆年间重修，是目前为止国内发现的最早的古代茶叶交易场所遗存。由国家文物局前局长吕济民、著名文物专家罗哲文为首的国家文物局、建设部专家团曾对这个隐藏在深山中的古茶场进行考证，认为像这种具有市场功能的古建筑在国内十分罕见，特别是有关茶叶市场的古建筑更是独此一家，对研究我国古代茶叶发展、茶文化和古代市场建筑艺术均具有十分重要的价值。

　　2006 年 5 月 25 日，玉山古茶场被列为全国重点文物保护单位。

　　玉山古茶场的功能到底是什么？《东阳玉山周氏宗谱》有这样的记载："茶场山者，故宋所榷茶地也，设官监之，以迎御命，曰'茶纲'。"从这段文字中可以看出，在宋代，茶场已经有了专门的官方管理机构。这个管理机构的使命是"以迎御命"，也就是负责挑选好的茶叶以供皇室宫廷之用。

玉山古茶场全景（林明泉摄）

玉山茶叶产量很大，因此，历朝历代都很重视。明代时设"巡检司"对茶场实施管理。清代时，茶场由东阳县衙派人进行管理。到清代晚期，茶场的交易品种已经不仅仅是茶叶、白术等，粮食也归入市场进行交易。

古茶场坐北朝南，结构保存完好，建筑面积达1500多平方米，占地面积达2940平方米。从左到右，茶场庙、管理用房和作为交易场所的茶场一字排开。整座建筑为清末民初重建的上下二层楼式建筑。楼下为交易场所，楼上为四面通连的走马楼（即楼前面用廊连通，使第二进与第三进之间通过两边厢房前的走廊相连）。整座楼的功用可分为三个部分。一是前面的廊为整个建筑楼的通道，便于楼上各个部分的联络。二是"榷茶"之所。据当地老人口口相传，每年春秋茶叶上市之际，整个茶场汇集各地茶商，由官府派当地管理茶场的官员主持"榷茶"。当地茶农将各色不同等级的茶叶送至楼上，由茶博士当场冲泡，根据茶叶的色、形、味、香等确定茶叶的等级以及价格，然后进行交易。这"榷茶"的场地便是第二进楼上。三是楼上的其余场地，诸如两侧厢房与对面（即第三进楼上）均构成小间，以供各地茶商住宿及堆放茶叶之用。

古茶场的中间为管理用房，即历代管理茶场的官吏住宿和处理公务的地方。清代咸丰二年（1852）东阳县正堂立的《奉谕禁

古茶场内景（周济生摄）

茶叶洋价称头碑》《奉谕禁白术洋价称头碑》《奉谕禁粮食洋价称头碑》三块碑便立于此处。碑刻上面的字迹，虽然因为在"文化大革命"期间被当地百姓拿去当成埠头上的洗衣板而被磨损，显得模糊不清，但是仔细辨别，还能看出其中的一些关键文字：直接由当地政府派员对茶叶市场进行管理，从宋代开始一直到清代晚期，持续700余年。

茶场庙现存建筑建于清乾隆年间，由门楼、天井、大殿三部分组成，地方不大，却是古茶场的重要组成部分。大殿中供奉着茶神。其他地方的茶神大多是陆羽，这里的茶神则为许逊许真君。许逊不但是茶神，也是玉山八个都乡的"总土地爷"。

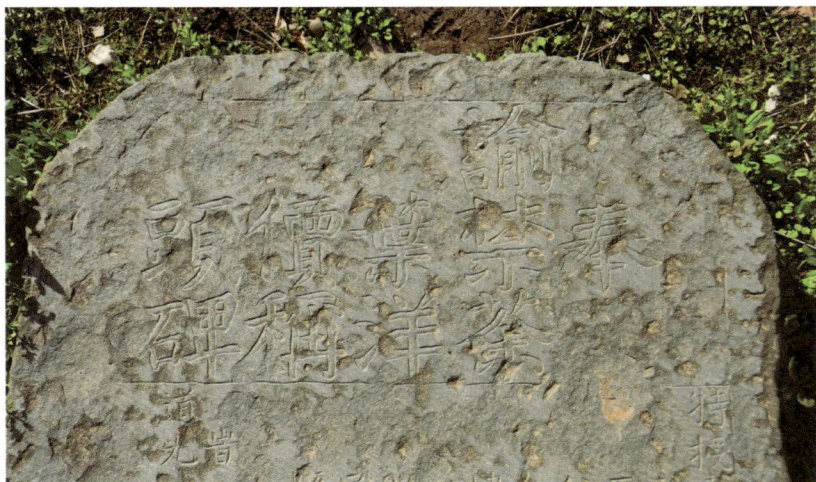

《茶叶洋价称头碑》局部（周济生摄）

据当地百姓口口相传，许逊曾游历玉山，见茶树遍布山野，且质量上佳，而当地农民生活清苦，便与茶农一道研究茶叶加工工艺，玉山茶叶自此声名鹊起，畅销各地，山民受益。玉山百姓感念许逊传授茶叶制作工艺、为玉山发展茶叶生产和打开茶叶销路作出的巨大贡献，为其建庙立像，世代供奉，形成了许逊崇拜。

3. 许逊崇拜与赶茶场

许逊是谁？从关于许逊的历代传记中，可以约略概括出其生平：许逊，字敬之，晋代人，祖籍河南许昌。东汉末年，黄巾起义爆发，中原动荡，其父许肃南迁到江西南昌。

许逊少年时立志为学，精通经史，通天文、地理、历律、阴

茶场庙（磐安县非遗中心提供）

阳五行，尤其喜欢神仙修炼之术。据载，许逊于晋太康元年（280）被任命为旌阳县县令。他居官清廉，精心施政，使岁有饥馑、饿殍遍野的旌阳县变为生产发展、社会安定之地。当时旌阳县一带疫病流行，许逊为民治病，药到病除，救人无数。公元 291 年，东晋爆发八王之乱，许逊弃官东归。当地百姓无计挽留，便为他立生祠，像敬祀神明一样加以敬拜。

　　许逊弃官回乡后，正值江西和两湖一带水灾泛滥。许逊带领众弟子治水历时十余年，帮助当地解除了水患。当时人普遍认为洪水是蛟龙出世，妖孽作怪，许逊因此被江西人视为法力无边的治水神仙，各地也流传着许多真君医病治水的故事。

治水功成后，许逊返归故里，恬淡隐居，修道炼丹，带领弟子们研习孝道真诠，以忠孝之风化行乡里。相传，因生平所行善事甚多，

许逊像

许逊"阖家飞升，鸡犬悉去"，成语"一人得道，鸡犬升天"即出于此。

因为有功于民，许逊被当地民众尊为保护神。为感谢许逊的恩德，当地乡邻及其后裔在他生前居住过的西山修建许仙祠，最初只是小范围的地方性民间信仰。南北朝时，许仙祠改为游惟观；宋真宗大中祥符三年（1010）升格为玉隆宫；宋徽宗政和六年（1116），宋徽宗诏令仿西京洛阳崇福万寿宫式样，重建玉隆宫，并亲书"玉隆万寿宫"匾额。宋徽宗赐许逊为"神功妙济真君"，确定了其在道教的地位。

在统治阶级和民众的双向推动下，许真君崇拜传遍大江南北，

凡是祭祀许真君的庙宇都被命名为万寿宫。今日，海内外约有1300处万寿宫。20世纪30年代，金华民俗学家曹松叶写过《金华城的神》一文，其中就有关于金华城万寿宫的记载。根据光绪《金华县志》，万寿宫即江西会馆，供神的地方分两进：第一进，许真君；第二进，许真君牌位。

伴随着许逊崇拜而来的是传说。在浙江，不仅磐安有许逊传说，温州瑞安也有许逊入华盖山修道的传说。瑞安华盖峰因相传许逊在此修道改名许峰山。

流传于磐安的许逊帮助茶农研习茶叶工艺的传说，与许逊医病治水的传说有着一样的逻辑，都是将他尊为保护神，其背后，与农业生产有着内在联系。学者李星曾就许真君崇拜与农业生产的关系做过分析，他认为，许真君的民间崇拜信仰在江西本土乃至江南各地农村影响力都很深，已深入人们生产生活当中，在农业生产中形成了一些岁时农事习俗，在一定程度上促进了当地农业生产的发展。如在农作物播种、收获之时，人们或在田边祭祀真君，或是抬出真君木像在村落附近巡游一周，以祈求太平无事、风调雨顺、生产丰收。

玉山的主要农业生产为茶叶种植，我们或许可以就此推考，许真君崇拜到了玉山后，与当地农业特色相结合，完成了"本土化改造"，成为玉山民间的"茶神"。

　　江西有历史悠久的西山万寿宫庙会，最初是民众感念许真君的恩德，每年自发举行的隆重的祭祀、庆典活动。随着社会经济的发展和人民物质文化交流的需要，祭祀活动逐渐融入集市交易活动，增加了商业经济的成分。同时，各类娱人娱神的民俗活动也伴随而来。西山万寿宫庙会成为以消灾祈祥为主，集宗教信仰、经济商贸、社会交往、民间、文化艺术等活动于一身的综合性民俗大会。

　　玉山地区的赶茶场，与西山万寿宫庙会有着同样的形成机制。

　　赶茶场，又称茶场庙庙会，是流传在玉山一带，以许逊传说和茶神崇拜为核心，以当地茶文化为基础，以古茶场为主要文化展示舞台而展现的民俗文化活动。赶茶场活动成形于宋代，在明代进入特别兴盛的时期，两个重要庙会节日春社和秋社渐渐形成。

　　春社时，当地茶农盛装打扮来到茶场，祭拜茶神，并在茶场内举行演社戏、挂灯笼、迎龙灯等民俗文化活动。秋社活动又别具一格，茶农和百姓带着秋收后的喜悦，拎着茶叶和其他货物，从四面八方到茶场赶集，形成了盛大的庙会。

　　赶茶场的群众参与面广、参与意愿强，历史文化沉淀深厚，民间艺术表演形式丰富，具有深厚的文化底蕴和丰富的文化内涵，更是本地各种优秀非物质文化遗产节目大融合、大聚集、大展示的艺术盛会。赶茶场民俗文化活动经久不衰，一直传承至今，经

赶茶场全景（姚建中摄）

多方挖掘、整理、保护，逐渐凸显出其极高的文化价值。2006 年，赶茶场入选磐安县、金华市两级首批非物质文化遗产名录。2007 年，赶茶场入选第二批浙江省非物质文化遗产名录。2008 年，赶茶场入选第二批国家级非物质文化遗产名录。2022 年，赶茶场作为"中国传统制茶技艺及其相关习俗"的重要组成部分列入人类非遗代表作名录。

赶茶场活动中，有迎大旗、迎大凉伞、三十六行、叠牌坊、船车、铜钿鞭、抬花轿、先锋等各种丰富多彩的民间艺术表演。

迎大旗是赶茶场活动中最引人注目、最富有特色的项目。大旗"以竹为竿，下益以木，以绸为旗，方可十丈许，画以人物龙虎，其大者升之百余人"。据当地老人说，最多的一年，共有 36 面大旗在茶场庙迎出。大旗吸引了成千上万的远近看客。磐安本地名士周显岱的《玉山竹枝词》正是迎大旗热闹场面的真实写照：

> 十月中旬报赛忙，茶场卜得看场狂。
>
> 裁罗百幅为旗帜，高揭旗杆十丈强。

[叁] 明代抗倭斗争的历史遗存

到明代，迎大旗活动又结合了抗倭斗争的传说，丰富了内涵。

玉山民众口口相传，明代戚继光在义乌、东阳、磐安一带招兵抗倭，在玉山训练将士，为凝聚人心，鼓舞士气，曾在兵营前竖起特别大、威风八面的龙虎大旗。这支部队打得倭寇闻风而逃，威震四方。为了纪念戚继光抗倭胜利，传扬戚家军雄风，玉山各村传承了迎大旗活动。

另有一种说法是，龙虎大旗本为道教中的一种仪式，到了明代嘉靖年间，倭寇屡屡侵扰中国沿海及玉山地区，玉山人民为了抗击倭寇，便在玉山茶场迎龙虎大旗号召民众抗倭，从此相沿成习。龙虎大旗成了抗倭战旗的象征，又是为百姓除害、造福人民的吉祥之物，于是，迎大旗活动日渐成风。

戚继光是否到过玉山，并未找到相关史料记载，然而，明代磐安确实发生过抗倭斗争，玉山地区至今保存有夹溪寨等抗倭遗址多处。而传说也并非捕风捉影，往往是历史事实的变相演绎。结合史实与本地流传的种种说法或可推考出，迎大旗活动也是明代抗倭斗争的历史遗存。如果再将龙虎大旗的图案与古代军旗作个对比，会发现两者之间存在诸多相似之处。

1. 戚家军与明代抗倭斗争

倭寇之患明初以后就一直存在。

根据史料记载，明初，由于国力强盛，重视海防设置，倭寇未能酿成大患。明正统以后，随着明朝政治腐败，海防松弛，倭寇气焰日益嚣张。正统四年（1439），倭寇侵扰台州桃渚村，杀人放火，掘坟挖墓，甚至把婴儿束在竿上用开水浇，看着婴儿啼哭，拍手笑乐。倭寇的罪行，给当地百姓带来了深重灾难。

嘉靖时期，一些海商大贾、浙闽大姓为了牟取暴利，不顾朝廷的海禁命令，和"番舶夷商"相互贩卖货物，他们成群结党，形成海上武装走私集团。海盗商人王直、徐海等，与倭寇勾结，在沿海肆意劫掠，使得倭患愈演愈烈。激愤的中国人民纷纷组织起来，进行抗倭自卫斗争。

戚继光原为山东防倭都指挥参事，因为倭寇猖狂，在嘉靖三十四年（1555）从山东调至浙江，职位升至参军，镇守宁波、绍兴、台州三府及所属各县。

明 仇英《抗倭图卷》（局部）

　　嘉靖三十八年（1559）九月，戚继光在义乌县招募矿工和义乌乡团四千人，在绍兴训练。在戚继光的精心操练、调教下，用时不到几个月，一支令倭寇闻风丧胆、青史留名的军队诞生了。

　　自成军起，戚家军大小数百战未尝败绩。嘉靖四十年（1561）台州大捷，经新河、花街、上峰岭、藤岭、长沙等战斗，十三战十三捷，斩杀倭寇三千余，烧杀溺毙无数。福建之役，总兵力六千，经横屿、牛田、林墩三战，斩倭寇五千余级。嘉靖四十二年（1563）经平海卫、仙游、王仓坪、蔡丕岭四战，共斩杀倭寇两万余，福建倭寇被一扫而空；另于广东剿灭勾结倭寇的海盗吴平，击败吴平手下的海盗三万余人，吴平逃亡海上。

嘉靖四十五年（1566），倭寇在中国失去了大部入侵的实力，基本上销声匿迹，除零星的骚扰行为持续到万历中期外，再未出现过万余倭寇劫掠中国沿海的活动。

戚家军是否曾在磐安招兵，是否曾在玉山训练，历史上没有明确记载，考虑到磐安毗邻台州，也不排除他到过磐安的可能性。而且，戚继光三次到义乌招兵，共计约有 26000 人先后从军，这两万多戚家军大多来自义乌和东阳，而当时，磐安一部分属于东阳。又据山东大学出版的《戚继光年谱》："嘉靖四十二年……春正月，再奉诏命援闽，时闽寇复呕袭陷郡邑。御史李邦珍题奏调兵往援，上申命家严统督所募婺兵驰闽建功，以副委任。"当时官方的文件称这支兵为婺兵，可见这支部队与金华府及各县都有关系。

另外，明代地理学家王士性在其著作《广志绎》中，也提及金华抗倭将士的英勇。在王士性看来，东阳、义乌、永康、武义属于"万山之民"，骁勇善战，在抗倭中往往容易立下战功，"以白衣之身而至横玉挂印"，于是，九塞五岭满地浙兵，"倭寇亦辄畏之"。那时，磐安尚分属东阳、永康等地，王士性所说的骁勇善战的"万山之民"，其中极有可能就有磐安士兵。

2.磐安抗倭斗争

历史上，磐安确实发生过抗倭斗争，是在戚继光招募义乌兵之前。根据《磐安县志》记载：

> 嘉靖三十三年，安文民团陈百二等数百人于马鬃岭阻击倭寇，初胜。后寇偷袭逾岭走安文，见万工城似雉堞，疑有备，不敢入，经他石岩逾朱色岭去东阳。旋，俞大猷督官兵追之，安文踊跃资粮慰军。嘉靖三十四年，为防倭寇再度入侵，筑马鬃岭、夹溪寨、昌箕寨、乌岩寨。

上文中提到的"万工城"又叫"万工堤"，位于县城安文镇文溪上游西南侧，是为三溪合流改道而建的水利工程。初筑于宋，明景泰间由陈怀堂加筑，"高三丈，长三里，宽二丈，叠石为堤，亘石九重"。嘉靖年间，又在城上加筑胸墙，墙内配备火铳、台枪以防寇，成为具备防洪、灌溉、防御等功能的综合工程。因工大资巨而命名为"万工"。

夹溪寨位于尖山镇夹溪岭，建于明代嘉靖三十四年（1555），为抵御倭寇侵扰而筑。其结构分寨洞、寨墙、兵房三部分。整座寨墙用石块垒砌而成，长9米，厚8.45米。寨洞为拱形，洞壁部分全部用条石横平砌。洞门门臼、门梁用青石制作。原有铁门，现已无。当时还设有檑石、滚木等防御设施，有"一夫守隘，万夫莫开"之势。浙江巡抚副使刘悫著有《夹溪岭桥隘记》。

乌岩古寨（磐安县非遗中心提供）

　　磐安人陈新希曾写过《明代磐域抗倭志略》，对于当时的抗倭运动作了详尽的梳理：

　　　　明朝嘉靖间，沿海各省倭寇十分猖獗，百姓遭殃。嘉靖
　　三十一年（1552）四月，倭酋王直、徐海、毛海峰等部，掠象
　　山、定海，破黄岩，占台州，磐域吃紧。癸丑（1553），浙江

巡按御史移檄郡县，选义勇（即民兵）八百名，开赴军前急用，东阳又选四百名乡兵在与天台、嵊县、新昌交界处，即今尖山夹溪、茶场一带设防。不久，倭寇占掠仙居。东阳、永康集乡兵防守于马鬃岭。安文、深泽、新渥、樟溪等地，集合十八至三十五岁之男性壮丁计千余人，组织义勇队，为一千总率领，下设百总、什长，开赴孔家乌、马鬃岭，即今之维新乡龙溪、马家坑和新渠村一带予以防守。

　　嘉靖甲寅（1554），义勇陈百二等屯驻于麻车峡，征匠人作炉锻造刀枪武器，以强战备。集众计议设谋，在险要之路的高山上架设"千斤棚"数十个。所谓"千斤棚"者，即在岩石上凿洞揿进铁环，用粗大棕绳巨索，一头系在铁环上，另一头吊住一排巨木，又在木排上置放大石。待倭寇列队经过山下时，看守人立即砍断棕绳，让巨木和大石滚翻下去，可以把敌人砸成肉浆。故在明代古籍《枌榆杂记》中有这样的记载：倭寇"忽从仙居逾马鬃，将由安文蹒婺。当是时，乡里诸少年合兵千余人屯麻车峡，又伏毒弩巨石棚于小盘高山上，俟贼入隘，即放棚并发矢石击射。如此，倭贼可长缨系颈一鼓擒也"。果然，倭寇前锋之一部进入预选之险要处，只听高山上一声号令，数十个"千斤棚"一齐斩断绳索，巨木大石翻滚而下，一片天崩地裂，如雷轰鸣。倭寇心惊胆战，丢下十余具五脏破裂缺手断腿的尸体，余者逃遁。此事《永康县志》载曰："嘉靖三十三年，倭寇侵犯县境（注：当时这一带属永康县管辖，为孝义乡），陈百二先于官兵率众迎战于破冈岭，挫敌前锋……"此外，《金华府志》《东阳县志》和《仙居县志》都有"陈百二率众挫敌前锋"的记载，据考，指的即为这一战役。乡勇们见自己的计谋成功，高兴得遍山遍坞欢呼不止。可是，这一胜利是暂时的，因为全部义勇队都属临时纠合，缺乏在胜利面前具有清醒头脑的领导者，乡勇们又缺乏训练，纪律相当松散，这些都是他们难以巩固和发展这一胜利的重要因素。果然，正在他们奔走相告为胜利陶醉的时候，倭寇分兵二路，翻过山冈，在乡勇设置的"千斤棚"上首袭击他们，数十名"千斤棚"的看守人被杀害。这一突然袭击，致使部分乡勇奔逃，接着数路义勇队开始溃散，最后无法收拾而全部败退。

翌日天未亮，安文已组织妇女、小孩和老人转移到深山中，而青壮男人以土铳、长矛、柴刀、棍棒进行全副武装，列队守卫于万工城头，并拆除城上木桥，待倭寇渡水进城时痛歼之。卯时，倭寇数骑来。他们侦得万工城上有备，不敢贸然渡水入城，而返至城外畈聚集，不久，沿着文溪兢兢而下，出朱锡岭而去。对此，古籍有具体记载，云倭寇"望万工堤绵亘雄蝶，不敢入，只在城外整队。又见海螺山森林茂密，阴翳处似

有动态，更为狐疑。派一二贼乘马沿水先行侦探，至塔石（注：指原磐安二中操场南端之岩石）上，始鸣螺招众贼而下，速逾朱石岭而走"。倭寇原想在安文蹂躏数日之计终于落空矣！

倭寇走后，安文对麻车峡死难者进行抚恤。对牺牲者冠以"保卫乡党义士"名，举行集体葬礼；对其家属，拨田一亩以供其父母；对其幼年儿女，每年给租谷十秤（注：每秤为天平20斤，折合15公斤左右），直至长成16岁止。

数日后，有官军大部队由俞大猷、陈海道两将军率领，从仙居取道安文，前来追剿倭寇。安文民众踊跃慰劳，即由公常名义集会，决定分派"馆谷官兵"。18个祠堂和大厅全部打扫干净，给官兵作营房和膳食之用。谱牒载为"计数千人资粮屝履悉供之"，还有不少民众壮丁随军运输供其粮草。俞、陈两将大悦，屡屡嘉奖，并叮咛部下切禁私下骚扰百姓。

倭寇出朱锡岭后，一路见人即杀。是夜在廿里牌住宿。旦起，焚烧葛氏间舍殆尽。东阳县衙遣乡兵来拒，被寇杀败而溃回，县令藏匿于西甄山。十月二十六日，倭寇攻入东阳城西，在托塘烧杀后过河北去。二十七日，掳掠华店，又烧杀徐舍。后几天进入诸暨，又返回东阳岭北。此时，被官兵大军追上。初，官军中倭寇之埋伏计，损数十人，被寇走脱。倭寇见追兵人众，欲急走捷径返沿海各县，抓住一道人命其向导。这位爱国道人故意把倭寇引进三面环水的柯桥绝地，而被官兵四面包围，无路可逃。倭寇见此，即将道人肢解而死。倭寇终因粮草断绝，除少数人突围，大部被官军歼灭。

嘉靖乙卯（1555），又有一支倭寇从绍郡犯新嵊。侦知我域内尖山夹溪一带已有备，即转掠东阳之巍山。巍山由此遭受大难，被杀人丁百余，被焚烧闾舍四百余，财物劫掠一空。冬，浙江巡抚副使刘悫来婺，分析倭寇扰民之路线，图其扼塞之策，议筑关隘。命永康修筑马鬃岭寨，务比以往坚固。又亲临尖山夹溪观察，建夹溪寨以常年防守。劝巍山赵模出资，在夹溪寨之边造屋数楹，可供过往停息和驻兵。同时筑乌岩寨、乌竹岭寨，为相互联络。乡民劳工踊跃，不日即成。

史家陈仲声曾警问：倭寇仅百人，竟敢扰三州六县，烧杀掳掠如入无人之间，何也？答曰：在于国力弱政风败而民心散也。又警问：安文、巍山均为大镇，而安文无恙却巍山遭殃焉？答曰：缘为安文齐心有备，奋力支前，而巍山无备耳。故老者嘱其子孙，无忘民众团结，无忘奋力报国云。

从文中可以看出，这是一段齐心协力、可歌可泣的抗倭史。自古英勇的磐安人民，面对外来侵略团结一致，奋勇抵抗。至今，玉山地区依然保存着夹溪寨等抗倭遗址多处。

3. 关于抗倭与迎大旗的另一个传说

尚湖镇忠信庄村 66 岁的王同岳，提供了关于抗倭与迎大旗的另一个传说，以下为他的口述：

这个传说，是我 20 岁那年（1976 年），在茶场庙听几个老人说的。

迎龙虎大旗，早在宋代就有了。为什么迎龙虎大旗？说是宋朝皇帝赵匡胤出征前都有一面帅旗，赵匡胤的女儿觉得旗子太小，不好看，要一面比这大好几倍的旗，于是赵匡胤就造了一面龙虎大旗，为了好看，也为了女儿喜欢。所以说，宋朝时就有龙虎大旗了，是帅旗。

那么，茶场庙为什么要迎龙虎大旗？

说明朝时候，倭寇到玉山来，大家都想不出抵御的好办法，就贴告示张榜招贤。一天，玉山铁店村有人到茶场庙附近的肉铺称肉。他称了一块肉，稻草绳一系，提了就走。走到告示下面，稻草绳断了，肉掉在地上。这人抬头一看，墙上贴着张纸，正好拿来包肉，就把纸揭下来包着肉回家了。一路回家，后面跟着两个人。他就问，你们跟着我干吗？那两人说，你不是揭了榜吗？那你一定想好对付倭寇的计策了，我们等着回话呢！

那人拿起包肉的纸一看，大事不妙，原来自己一不小心揭了榜。怎么办？他发起愁来。妻子看他唉声叹气，问是何故。他如实相告。妻子思忖良久，计上心来。她的计策是：造一面36米高的大旗，竖在玉山出去10公里的黄皮岭头，那里是倭寇进犯玉山的必经之路。再在玉山地区挑选两三百个精壮大汉，一个个拿着大刀大枪，埋伏在大旗附近，倭寇来了，就和他们誓死决斗。

妻子的计策被采纳，大旗造起来了，精壮汉子也已训练完毕，整装待发。果然，过了两个月，倭寇真的进犯玉山。黄皮岭头竖起了大旗，两三百名精壮汉子预先做好埋伏。倭寇来了，远远看到巨大旗帜高高飘扬，觉得新鲜，到大旗底下观赏："这么大的旗，天下第一！"此时，两三百名精壮汉子一起冲出，擒贼先擒王，把倭寇头领杀了，倭寇就这样被打散。

为了纪念这次完胜，茶场庙迎起了大旗。之后，各个村也都要迎大旗纪念。

4. 古代军旗引发的想象空间

茶场庙庙会上，除了龙虎大旗，还有别的旗帜飘扬。据磐安县文化志编委会编的《磐安县文化志》记载：玉山茶场庙庙会，每年农历十月十四日开始演戏，十多个曲班到场演唱。十六日，旗帜云集，有"蜈蚣旗"、"督旗"（高达数丈）、"龙虎旗"等。这不由得让人产生联想，迎旗活动有可能是从古代军旗演变而来的。

　　旗，在我国起源很早，《列子》中记载黄帝与炎帝大战时，就"以雕鹖鹰鸢为旗帜"，也就是说，那时的旗帜就以各种猛禽为装饰了。据称，原始的旗帜是在树枝上捆一大把茅草，或在树枝上悬系一件动物尾巴之类醒目的东西作为标志，进行指挥。殷人已经普遍用旗，周代有各式各样的旗。秦汉以后，随着常备军的增多，军队专用旗帜也越来越多。《武备志》一书中绘出样式的不同形制与图案的军阵用旗就有88种之多，再加上颜色的变化，就更多了。

　　古代部分旌旗的旗面上绘有图案。先秦时，古人将四灵像绘在旗上。唐代旌旗上有熊、虎、狼等动物形象，到宋代依然如

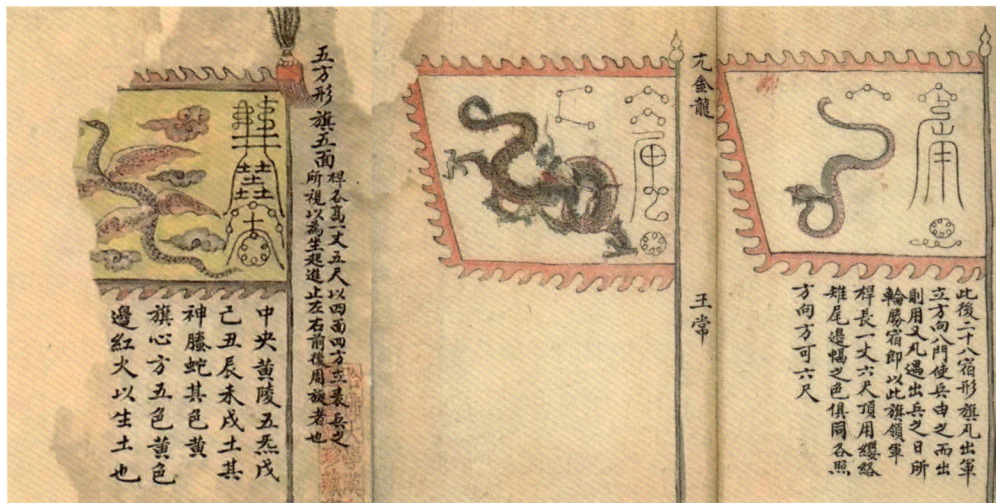

《神兵旗式》插图

此，《宋史》云："次金吾细仗……青龙、白虎旗各一……"宋代兵法书《虎铃经》上记载旌旗有熊虎猛兽、鹘鸡猛禽、日月星辰、鬼神云气等形象。明代旌旗同样有四灵（五灵）的形象，如五方形旗，这是承接前代旌旗而来，但熊、狼、鹘、鹗等动物形象消失了。

旗面上的图案创作源于古人对云纹、神将、瑞兽的崇拜，以及对生活的观察、感悟和想象。这些图案的寓意在于趋吉避凶、昭示祥瑞，寄托着古人对美好生活的向往，也展示出中国特有的吉祥文化。在忠信庄村收藏的清代老旗上，就可以明显看出这一特征。除了龙虎豹之外，图案中还有凤凰、松树、祥云，龙虎豹可以辟邪，松树寓意长寿，凤凰、祥云都是吉祥的象征。

戚继光著有《纪效新书》，这是一部军事著作，是他在东南沿海平倭期间练兵和治军经验总结。第十六卷《旌旗金鼓图说篇》中，详细记录了当时军队所用的旗帜，并配图片加以说明。文中说，东南地区人不知道兵旗的用法，用起来如同儿戏。兵旗要不太轻，无法望远；要不太重，难以执驰；方位颜色混杂，不可辨认，而且，战场上的阵法与兵旗也没关系……于是专门作文绘图加以说明。

据《旌旗金鼓图说篇》描述：

清道旗，旗杆长八尺（约 2.56 米），旗杆顶用木葫芦头或葫

五方掌光旗五面各照方為色

中央黄陵五炁戊己旦辰未戌其神蛇其色黄

東方青陵九炁甲乙寅卯木其神青龍其色蓝

西方皓陵五炁庚辛申酉金其神白虎其色白

南方丹陵三炁丙丁巳午火其神朱雀其色紅

北方玄陵七炁壬癸亥子水其神玄武其色阜

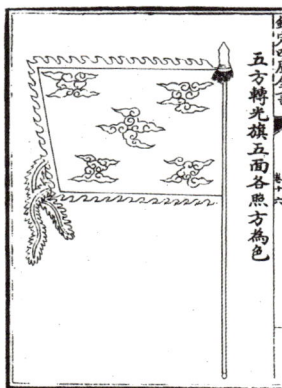

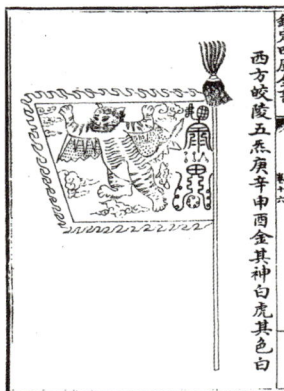

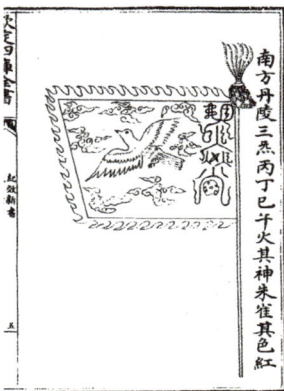

《纪效新书》插图

芦头上加枪头；旗面方四尺（约 1.28 米），旗心蓝色，旗边红色。

清道旗有两种用途：行军时，举在队列前方；操练演习时，则与掌号笛一起执在马路上，引领哨官、哨长、队长到将台听候命令，结束之后再引导他们回营。

金鼓旗，旗杆高一丈二尺（约 3.84 米），旗杆顶用璎头雉尾珠络装饰；旗面方七尺（约 2.24 米），素黄色，"金鼓"二字大二尺（约 0.64 米），用黑布制成。此旗用来引导金鼓。

五方形旗，有五面，分别是东方青龙、西方白虎、南方朱雀、北方玄武和中央神蛇，方五尺（约 1.6 米），旗心与方色相同。旗杆高一丈五尺（约 4.8 米），用缨头珠珞装饰。此旗用来表明营阵的方位，士兵的行动方向也听从此旗指挥。

此外，《旌旗金鼓图说篇》中收录的绘有动物图案的旗帜还有二十八星宿形旗。明朝崇尚道教的观念潜移默化地影响了军事战争，并借助军旗这一载体体现出来，其中较有代表性的便是二十八星宿形旗。二十八星宿，是我国古代天文学家为观测日、月、五星运行而划分的二十八个星区。上古时代，我国古人在靠近黄道面的一带仰望星空，将黄道附近的星象划分成若干个区域，称为二十八宿，又将这二十八宿按方位分为东、南、西、北四宫，每宫七宿，分别将各宫所属七宿连缀想象为一种动物，以为是"天之四灵，以正

《纪效新书》插图之尾火虎旗

四方"，如角木蛟、亢金龙、氐土貉、房日兔、心月狐、尾火虎、箕水豹……

另据其他资料显示，明代绘有动物图案的旗帜，除了五方形旗和二十八星宿形旗之外，还有门旗。门旗有五面，旗心颜色对应五个方位，带有猛虎图案，旗边为黄色。以虎辟邪的风俗在中国古代早已有之。"画虎于门，鬼不敢入。"古人把虎当成猛神，将其画于门户之上，用来守护住宅。军队也把此观念应用于营帐之外，立猛虎图样的门旗。

在《纪效新书》中，也出现了大旗的影子。在《守哨篇》中，戚继光提到了一面"十二幅大白旗"，竖立于各处墩候（瞭望敌情的堡垒）作为传递警情之用。书中写道：

> 每墩不拘日夜，分三人，带起火三枝，碗口铳一个，手铳三个，在于极外海边巡逻守哨。遇有贼登，昼则摇旗放铳为号，夜则起火放铳为号，墩上即便接应。如天晴，则卓十二幅大白旗，相邻之墩卓起大旗，一路只至本府所在之处，及一路至本卫所城池而止。

"守城"一节中提到，各城内建立中军号令，其应备之物也包括了十二幅大白旗："先于本城高处可以四面瞭视之地，立桅竿一根，粗径一尺，长五丈；上用棕绳一条，粗大耐久者；又用布十二幅，旗一面。"遇到警情，城上中军内，白天的时候就放火炮三个，张起大旗。大白旗旗杆五丈高，大约十六七米，一幅布的宽度若以 64 厘米计算，十二幅布做成的大旗，宽度有 16 米。如此大的尺寸，便于哨兵望远传递信号。

龙虎大旗不知是否是受到军旗的影响才渐渐演化而成的。对于古代尤其是明代军旗的追溯，给龙虎大旗的由来和演变留下了想象空间。

三、迎大旗的分布区域与竞演时空

迎大旗作为一种群体性体育、游艺活动，民众参与度高，竞技性、娱乐性强，主要分布在磐安县东北部山区。

三、迎大旗的分布区域与竞演时空

[壹] 分布区域

　　迎大旗作为一种群体性体育、游艺活动，民众参与度高，竞技性、娱乐性强，主要分布在磐安县东北部山区，遍及磐安县尚湖镇、尖山镇、九和乡三个乡镇，而玉山镇则是迎大旗的主要活动地，在二十余个村庄均有传承。具体分布区域主要包括尚湖镇岭干村、忠信庄村、王村，尖山镇尖山村、东里村、大园村、管头村、里光洋村、火路岭村、立岭村、大山头村、林庄村、岭头村，九和乡南坑村、周店村、柘周村、西湖村、下溪村、宿坑村、三水潭村、桥头村、岩甲村、孔潭村、三儿头村、上俞村等。

　　根据老一辈村民的说法，每年到茶场庙迎大旗前一天，各村要先在自己村里迎大旗。迎大旗意在庆丰收，保太平，大旗在麦田里竖，在麦田里迎，大家都喜欢，因为当地传说麦田踩得越多，麦子长得越好。里光洋村的老人说，以前尖山镇八个村庄一起迎大旗，总共十一面，有"八村头"的说法，八个村庄就像一个联合体，组团迎大旗，八个村都要转过来，场面相当壮观。

在非遗保护的大背景下，磐安迎大旗活动发展迅速，岭干村、忠信庄村、岭头村、里光洋村、尚湖村、三水潭村组建了六支大旗队，区域内覆盖受众10万人。

1. 岭干村

"龙鸟一源青山水，千里婺江万古流。"岭干村地处尚湖镇东南部，为婺江源头第一村。村庄周围群山环绕，层峦叠嶂，风景秀丽。村边的"龙鸟尖"海拔929米，为婺江源头。村内盛产香榧，全村共有古榧130多棵，大多为南宋时期种植。村民收入主要依靠茶叶、香榧、毛竹及中药材。

岭干村历史文化底蕴深厚，村内保留有始建于宋代的木牌坊一座，清代康熙年间所建的绳武堂一座，宋代倪氏家庙一座，以及明朝造纸厂遗址，南宋御用木炭坛址，明嘉靖三十四年（1555）建的乌岩古寨、大柘坑古道等。

岭干村始建于宋淳熙年间，至今已有800多年历史，肇基者为宋监察御史倪千里。倪千里"志洁行芳"，因上疏直言而惹怒权臣，曾一度被罢官，解职后潜行于山林读书教子，为防权贵进一步逼害，即率次子倪允奎于乌岩山下建村隐居，其村名俗称"岭干倪"。

乌岩古寨为抗倭遗址。根据《乌岩倪氏宗谱》记载，明嘉靖

三十四年（1555），副使刘悫巡摄金华府，为抵御倭寇深入，命知
县张万遍走属邑诸山，择其险要处构筑寨隘，派兵驻守，计筑有
马鬃岭、夹溪岭、乌竹岭、乌岩岭等寨。乌岩岭寨位于乌岩岭头，
依山而筑，由寨墙、寨洞、壕沟三部分构成。寨洞为拱形，墙壁
全用坚固石块干垒而成，寨边挖壕沟，用以伏兵。当时还有擂石、
滚木、千斤棚等防御设施，真有一夫守寨，万夫莫开之势。

　　岭干村文化底蕴深厚，非遗资源丰富，主要非遗项目有迎大
旗、舞狮、闹花台、织
布、草鞋制作技艺、传
统印染等。其中，迎大
旗是知名度最高、影响
力最大、参与人数最多
的一项群体性传统民间
竞技活动。

　　磐安迎大旗时有一
个传统，岭干村"娘旗"
竖起之前，所有大旗都
不能迎竖。

　　"娘旗"的背后，
有一个故事在当地口口

始建于明嘉靖三十四年建的乌岩古寨（磐安县非遗中心
提供）

相传。说是乾隆皇帝巡游江南至玉山境内，有葛达志兵从塘婆岭追赶而来。恰逢茶场庙会，乾隆帝为避追兵潜入人群，适至岭干村大旗边，迎旗群众视此险状，即以大旗掩护乾隆皇帝，使之安然脱险。追兵过后，乾隆帝感戴迎此大旗者济急救危，仁德待人，精神可嘉，即取大印盖此旗上，封之旗王。

"娘旗"，也就是"旗王"，大小为二丈八见方。此后，玉山地区各村公认岭干大旗为旗中之王。每年茶场庙聚会，待岭干"娘

岭干村"娘旗"（周琼琼摄）

旗"竖起后，其余大旗才能竖起。"娘旗"竖在茶场庙边的第一个位置。

根据村民推算，岭干村在 1922 年还迎过大旗，之后因社会变革等种种原因，迎大旗一度中断。20 世纪 50 年代搞宣传队时，大旗旗面被拿来做衣服、当幕布。据岭干村民、迎大旗省级代表性传承人倪银福口述，20 世纪 90 年代初，整个玉山地区恢复迎大旗的呼声日渐高涨，当时作为村干部的他着手恢复工作，请了一名画师历时两个月在 450 平方米的大旗上绘画巨龙、猛虎及祥云，再由村里的裁缝师傅加工。之后，请老人传技，安排四个年轻人学习如何绑撑杆、如何拉绳子以及如何将大旗竖起来。1992 年农历十月十六，中断 70 年的岭干村龙虎大旗终于重新在茶场庙前迎风飘扬。

2004 年，为庆贺《乌岩倪氏宗谱》重修，倪氏本族齐心协力成立旗会，筹集资金，义乌市廿三里镇后义村知名企业家、同族兄弟倪承位慷慨乐助大旗旗面布料 384 米，新做龙虎大旗。

岭干村大旗长 25 米，宽 18 米，上画龙、虎、锦凤等图像。旗杆系 18 米长的毛竹与 18 米长的杉木连接而成。大旗竖起后，由众人扛着移动，迎风招展，龙腾虎跃，锦凤起舞，其状之美丽，其势之浩大，令观众赞叹不已。此外，有 18 面小旗陪伴护随大旗，在四周挥舞，配备了腰鼓队、秧歌队、乐队演奏入场，场面异常

岭干村龙虎大旗（周济生摄）

壮观。

2. 忠信庄村

忠信庄村为磐安县尚湖镇下辖村，原名琼溪，位于尚湖镇西北部，据曹娥江水系上源，东与大王村相邻，南依板榧、粟树山，西靠黄林坑村，北临后岩村，坐落山坞，地处坡地。

忠信庄村先祖迁自山西太原，至今，村民生产生活用具如箩

筐、篮子、扁担上，除号上自己名字外，还要写"太原郡"三字，以表不忘祖先。忠信庄村有村民八九百人，村庄田地多，一直以来较为富裕。

"文化大革命"期间，其他村的大旗都被毁坏，唯有忠信庄村一面大旗保存了下来。据说，有关部门来收缴大旗前，忠信庄村村民得到消息，把"廿四杆头"大旗撕掉做成戏班子的行头，"十八杆头"大旗则交给马翠香老人藏了起来。如今，这面大旗成

忠信庄村龙虎大旗（周济生摄）

为整个玉山地区唯一的老旗。老旗由 120 张绸布做成，有近 300 平方米。

从前，迎大旗有一定的讲究和流程，由村里老人口口相传。参迎者在半个月前要斋戒，禁止挑栏肥、粪便。村中推选一位福寿双全、子孙兴旺的长者，安排迎大旗前的准备工作，糊好亭阁形花轿，落实参迎人员。到了迎举头日，长者在村头设香案迎接真君大帝降临，宣读某乡某村恭请真君大帝下凡享受香火供品，保佑百姓安居乐业、人寿年丰、福星高照之类的吉祥话，并诵经膜拜。朝亭阁拜几拜后，抬到本村氏族发源的堂屋内，前设供品香烛，念经朝拜者祷告许愿。

忠信庄村和其他村庄一样，在去茶场庙迎大旗之前，每年农历十月十五，要在村里迎一次大旗。那时节，田里种的是麦子，人们迎着大旗将田里的麦子全部踩倒，不论谁家的都可以去踩，据说，被踩过的麦子不仅不会减产，收成反而会特别好，当地有"踩一踩，多一箩"的说法。

每年农历十月十六，村里迎大旗队伍经过溪滩村时，总要被拦下来迎一遍。溪滩村村民会在路边摆好鸡、羊、猪三牲福礼，忠信庄迎旗的汉子停下来将大旗竖起来，在溪滩村的田畈里迎一遍，再将大旗放倒，赶往茶场庙。

忠信庄村大旗恢复于 1978 年，是最早恢复迎大旗的村庄。旗

面是村里心灵手巧的妇女用一块块布拼接起来的，大旗图案请玉山一位老画家绘制。1995 年，忠信庄村大旗参加过金华市火腿博览会；1998 年，参加在义乌举办的第一届中国电视吉尼斯；之后，又到各地参加了许多节会活动。如今，每户人家 30 岁以上的人都会迎大旗。村里目前打算建大旗馆和大旗广场。

3. 里光洋村

里光洋村位于尖山镇西北方向，四周山峦错落，松林茂密。里光洋原名里缸窑，村庄在明代已粗具规模。历史上此地盛产陶瓷，有众多缸窑，村外的窑群称外缸窑，村里的窑群称里缸窑，后外地陶瓷产品逐渐输入，村里的缸窑产业渐次衰落，村名也由里缸窑雅化为里光洋。20 世纪 80 年代，改革开放的春风催动村镇工业的蓬勃发展，里光洋跨入一个新的发展时期。里光洋村是尖山镇新农村建设第一村。

新中国成立前的尖山镇，共有十一面大旗参加茶场庙活动，其中栗岭三面，里光洋大小旗两面，新屋、火炉岭、管头、东里、大元、大山头各一面，俗称"八村头"，可叹在特殊年代俗破旗毁。2002 年，里光洋村迎大旗得以恢复。

里光洋村的大旗和别处不同。大旗旗面上除了绘有龙虎，还有八仙人物。这大概与里光洋村的另一项市级非遗——人物灯有关。早在明末清初，里光洋村就开始制作人物灯。人物灯首尾为

龙，中间由竹编纸糊而成，也称"佛灯"。每一节灯都是一个神话
人物或历史人物，如八仙、王母、观音大士，或《西游记》《三国
演义》《水浒》中的人物。里光洋村人物灯制作精巧别致，形象
栩栩如生，造型既根据传统戏剧中人物的扮相，又不拘泥于传统
手法，大胆发挥想象，增添新的情趣。到了元宵佳节，村里家家
户户拿出自家保存的人物灯，拼接成一条龙灯，灯彩与星月交辉，

里光洋村龙虎大旗（周济生摄）

锣声与鼓声交响，人们通过迎龙灯祈求风调雨顺、国泰民安。

2021 年，里光洋村为加快乡村旅游发展，保护和传承好老祖宗留下来的文化，建设了人物灯和大旗非遗馆，当年 10 月底正式完工后陆续对外开放。非遗馆里陈列有缩小版大旗模型，并制作了迎大旗纪录片。村里计划在村文化礼堂广场进行迎大旗体验活动，将现有的大旗按比例缩小，适宜于十人左右体验，并计划将迎大旗和人物灯一起打造成研学项目，开发乡村旅游。

4. 岭头村

岭头村位于尖山镇，与新昌交界，属于丘陵地带，东临下夹溪，南接下周村，西依胡宅村，北至张斯村，有近千人口，村经济以茶叶为主。

1992 年，村民集资恢复迎大旗，由村中老人教授迎大旗的每一个步骤。岭头村大旗有 425 平方米，旗面上绘有龙虎豹、雷公雷婆，按照传统样本绘制。恢复后第一次迎大旗，是在村里供奉玉皇大帝的安苍庙附近。第一次迎大旗即告成功，村里老人说，是因为大家都有信心，积极性高。如今，村里会迎大旗的有 150 人以上，其中有二三十岁的年轻人。

迎大旗是岭头村最兴盛的民俗活动，村里文化礼堂陈列着迎大旗器具，并有文字介绍。村中老人说，岭头村地形为燕子展翅，燕子怕龙、蛇，所以岭头村不迎龙灯，只迎大旗。

在岭头村，口口相传迎大旗的种种细节。

旗头和龙头一样，在民间备受尊崇，所以，谁来背旗头很有讲究，家庭和睦、人丁兴旺、在村里受到尊敬的老人才有资格。不管到哪里迎大旗，首先要去村里的本保殿"谢"过旗头，点起香烛，保佑平安。每年农历六月，要把大旗拿出来晒晒，以免

岭头村龙虎大旗（王云峰摄）

发霉。

岭头村大旗配有 20 面小旗帜以及一支乐队，共有鼓一面，大锣一面，小锣一面，大镲一个，小镲一个，"梅花"（一种吹奏乐器）两支。以前去茶场庙迎大旗都是走古道，乐队跟着大旗一路吹打过去，一路吹打回来。尤其是"梅花"不能停，路上吹的是《骑马调》，迎大旗时吹的是《过场》，一直吹到大旗放倒为止。

5.三水潭村

三水潭村位于九和乡，村庄四面环山，风景优美。从前，三条溪流在村口汇聚，形成一个深潭，故取名三水潭。

三水潭村历史悠久，文化底蕴深厚。明朝正德年间，杨天瑞来到该村教书，后落户于此，子子孙孙在此繁衍生活。村民现有杨、张、谢三姓，其中杨、张二姓居多。全村有近 400 人。

2018 年，三水潭村列入第五批中国传统村落名录。三水潭村共有 180 间古民居，有建于清代道光年间的杨氏宗祠，有结构完整的"廿四间"，有县级文保点 1 处，第三次全国文物普查登记的不可移动文物点 3 处。三水潭村是有名的婺剧村，村里的戏班子远近闻名，可以说全村人人都会唱婺剧，家家户户入戏班，涌现了不少小有名气的婺剧演员。

迎大旗是三水潭村的传统活动。村里九旬老人杨桂金还记得年少时迎大旗的场景。他 15 岁时第一次参加迎大旗，队伍从三水

三水潭村杨桂金绘制的龙虎大旗旗面（周琼琼摄）

潭村出发，沿古道步行约 15 公里至古茶场。除了大旗，一起去茶场庙的还有大纸马和用来迎许真君的轿子。去茶场庙的路上，敲锣打鼓，热闹得很。直至年迈，杨桂金对于这项极具魅力的传统活动依然念念不忘。他看着其他村庄纷纷恢复迎大旗，也热切期盼三水潭村能恢复。在杨桂金的不懈努力下，2014 年，三水潭村的大旗终于在古茶场竖了起来。

　　和其他村庄相比，三水潭村的大旗比较特别。这面大旗，一部分资金是杨桂金通过存红包、迎龙灯等方式筹得的，另一部分

是他向本村和外村村民募捐而来。杨桂金买来布料，请裁缝做成旗面，又请画家在大旗上画了一条巨龙和三只大老虎。他亲手做旗杆、挑笋竹、搓旗绳，又花费一万多元请人做了一顶小巧精致、用于祭拜真君大帝的轿子。

万事俱备后，他到尚湖镇岭干村把迎大旗专业人士请到三水潭村，教授迎竖大旗技巧并进行演练。最后，在村集体的组织下，三水潭村的龙虎大旗终于在古茶场迎风飘扬。此时，离杨桂金开始筹备竖大旗已经过了三年时间。

此后，杨桂金又做了三面大旗，其中两面送给尚湖村。

6. 尚湖村

尚湖村为尚湖镇政府所在地，人文荟萃，钟灵毓秀，自元朝建村以来已有 700 多年历史。据陈氏家谱记载，元大德十一年（1307），安文名士陈悦因避灾祸，由东溪迁居大王村，又居上卢溪。陈悦与长子道琳在鹤山开辟湖田数百亩，并在丹溪缠绕、瑞石玲珑处造宅居住，自后子孙繁衍。村名以"尚者，崇尚""湖者，湖田"而命名，意为"能保我子孙黎民，尚亦有利哉"，以望后代重视这块湖田宝地，使之更为繁荣昌盛。

2019 年，尚湖村恢复迎大旗。陈威龙是尚湖村同福寺管理人员，和杨桂金早些年就认识。杨桂金给陈威龙送去旗头、旗杆、两张旗面，希望尚湖村能把大旗迎起来。

尚湖村龙虎大旗（周济生摄）

在陈威龙的发动下，村里迅速集结七八十名壮汉，先后请来忠信庄村和岭干村的专业人士作指导。经过多次演练，尚湖村在古茶场竖起大旗。

［贰］竞演时空

自古而今，迎大旗的主要竞演空间就是玉山古茶场，时间是每年农历十月十六，赶茶场秋社之时。

明代之后，玉山地区茶叶生产发展很快，玉山古茶场进入历

史上最兴盛的时期，各种茶事活动频繁。茶场里设置巡检司，对交易实行管理。渐渐地，这里也成了白术交易市场。《磐安县志》载："明正统八年，玉山茶叶和白术外销获利，有'上半年靠茶叶，下半年靠白术'之说。"

前文中提到，清咸丰二年（1852），东阳县衙以"东阳县正堂"的名义，在玉山茶场立了三块石碑：《奉谕禁茶叶洋价称头碑》《奉谕禁白术洋价称头碑》《奉谕禁粮食洋价称头碑》。这是县衙管理市场的政策条文，目的在于保证公平交易，禁止乱涨价，禁止缺斤两。

2004 年 12 月，国家文物局古建筑专家组组长罗哲文在详细考察玉山古茶场后指出："这种古代市场功能性建筑在国内实属罕见，堪称茶业发展史上的'活化石'。与古茶场密不可分的一系列茶文化令人称奇，填补了我国文保史上的茶文化空白。'三大碑'说明玉山古茶场除季节性茶叶交易外，平时还有白术、粮食等商品自由交易，反映了综合市场的特性，同时见证了山区经济发展的轨迹。"

玉山古茶场能成为一个繁荣的商贸市场，与其地理位置不无关系。

玉山是会稽山、仙霞岭、大盘山、括苍山四条山脉的接合处，也是浙东、浙南和浙中的分界点、交叉点。从行政区域来说，玉山位于古代的越州、台州、婺州、处州（即今绍兴、台州、金华、丽水四市）交界处，分别与四市所辖的新昌、天台、东阳、缙云、仙居五个县接壤。玉山古茶场地处当时东阳通往天台、新昌的古驿道旁。古茶场东边是三单、岭口，北边是尖山、胡宅，西边是下苍、尚湖，南边是浮牌等大村庄。因而，虽然地处大山深处，在相当长的一段历史时期里，玉山是一个聚集人气的好地方。

随着玉山茶场商贸交易的繁荣，渐渐形成了两个聚会——春社和秋社。在这两个节日里，玉山及周边地区的群众纷纷"赶"到古茶场来聚会，邻近地区的商人也来此设摊布点。玉山当地老百姓将春、秋二社和祭祀真君大帝，以及乡村中的一些乡风民俗活动结合起来，古茶场由此成为一个以茶为中心的乡村民俗文化活动中心。

所谓"社"，原指土地之神，祭祀社神的日子就是社日。春社祈谷，祈求社神赐福，五谷丰登；秋社报神，在丰收之后，向社神报告丰收喜讯，答谢社神。春社的社日原来是在春茶开采前，立春后的第五个戊日。那时正是山乡农活最多的时候，人人忙得不可开交，久而久之，春社就提前到正月十四、十五、十六三天，与本地最热闹的元宵节合二为一。清代当地文人周显岱的《玉山竹枝词》生动描绘了春社盛况："茶场山下春昼晴，茶场庙外春草生。游人杂沓香成市，不住蓬蓬社鼓声。"清代东阳县令汤庆祖在

赶茶场之春社迎龙灯（陈国剑摄）

《茶场春社》中这样描写："隆隆皮鼓声，逢打白云坞。衣冠热闹场，鸡豕走田父。借问此何时，数点梨花雨。"

春社有春社的热闹，秋社亦有秋社的特色。秋社原来是在立秋后的第五个戊日。清中叶以后，延迟到农历十月，其时农事基本结束，进入农闲季节。经过一年的忙忙碌碌之后，此时正是庆祝丰收的好时节。当地又传说十月十六是真君大帝许逊的生日，因此，秋社便逐渐固定在农历十月的十四、十五、十六三日。

物资交流大会是秋社的一大特色，春社时虽然也伴有物资交流，但主要以祭茶神、迎龙灯为主。春社期间，到古茶场的人以玉山八都为主，外地人不多；买卖的东西也仅为春茶春耕服务，品种不多。秋社时，到古茶场进行交易的品种大大增加。当地茶农或农民在秋收之后，有许多东西要卖掉，又要为过年过节或者各种喜事置办物品，因此，山货、农具、家具从四邻八乡以及邻近的新昌、天台、嵊县等地云集古茶场，使得秋社的人气大大超过春社。

秋社期间，玉山地区各村基本上都有节目参加表演，丰富多彩，形式多样，场景宏大。每年农历十月十六，玉山茶场庙就成了一个竞技场，各种民间艺术项目如迎大旗、迎大凉伞、叠牌坊、三十六行、船车、铜钿鞭、抬花轿、先锋等都要在此比个高低。

迎大旗是赶茶场的标志性民间艺术，也是最激烈的竞争项目，

赶茶场之秋社（陈建权摄）

龙虎大旗赶茶场（周济生摄）

以其壮观的场面、震撼人心的迎竖过程、激烈的竞技，当仁不让地成为秋社重头戏。

《磐安县志》记载："农历十月十六日，从各村来的大旗均竖于庙前田畈中。主杆一根，撑杆 60 根，放松索 8 条。竹竿分上下两段，下段为一根大杉木做成，长二丈七尺；上段是一根特大毛竹做成，套在下段之梢，衔接处用 9 个铁环紧扣。60 根竿头高于套接之处，似伞架。主竿顶旗头，旗头下系麻绳 8 根，为旗索，备竖旗时用。旗面套在主竿上段，用绸三百丈做成，上绘龙凤花鸟，边饰翠布。旗杆下端有井字形脚架，供迎竖时扛抬。参加迎竖者称旗脚，每面需 120 个壮汉。竖大旗时，密锣紧鼓，喊声震天。竖起后，由众人扛抬，徐徐绕场一周，而后固定于场上。"

清乾隆年间，由周昌霁等出面筹集民间资金，重修茶场庙。其时，茶场庙人山人海，万人空巷，各种民间艺术节目齐集亮相，迎大旗活动发展到了鼎盛时期。最多的一次，茶场庙庙会上，共有 36 面大旗。

如今的玉山古茶场迎大旗，和古时相比，又有另一番热闹。

1992 年，玉山古茶场在沉寂几十年后，龙虎大旗再次飘扬。此后，农历十月十六赶茶场，龙虎大旗再次成为主角。这天，玉山台地几个乡镇的茶农，以及来自杭州、宁波、金华、义乌、东阳、新昌、天台等地的游客纷纷聚集到古茶场，欣赏一年一度的精彩大戏。伴随着壮汉的每一声呐喊，旗杆的每一次高耸，周围观众欢声雷动，"长枪短炮"咔嚓声响个不停。

四、迎大旗的基本内容

迎大旗包含祭旗、穿旗、竖旗、迎旗、收旗五个主要环节，需 80 — 100 名壮汉（称『旗脚』）分工协作完成。

四、迎大旗的基本内容

[壹] 大旗的构成及所需工具

　　大旗由旗面、旗杆、旗头等构成，在迎竖的过程中还需用到专门的工具，如拢笋竹、旗索、旗叉、旗杠等。

竖大旗（孔黎明摄）

1. 旗头

高 1.5 米，上半部分称"帽"，下半部分状如葫芦，用竹篾编成，外裹红布，称"面"。"帽"上插小旗一面，帽下葫芦形主体上插小旗三面，并饰以流苏，系以飘带，整个旗头竖起来后如凤头摆动，非常漂亮。

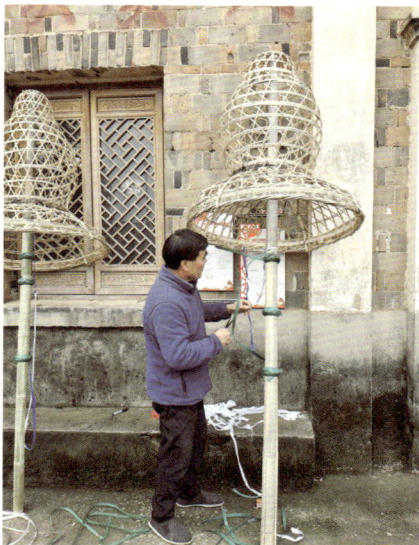

旗头架（周琼琼摄）

旗头（陈建权摄）

2. 旗面

需用白底色绸三百丈，上绘龙、虎、祥云、花鸟等彩色图案。古代全用手工缝制（场地设在祠堂或大厅的地上，先摊地簟 24 张，再将绸布放在地簟上制作），旗面拼好后，再用青、红、黄三色布镶边。

旗面（周济生摄）

3. 旗杆

分上下两部分，下半部分是一根笔直的大杉木，长 15—18 米，上下端直径 0.12—0.15 米，距底端 0.7 米处凿一长方形孔，穿过一根长 1.5 米的硬木横档，杉木旗杆漆成红色，箍上铜箍；顶端接一根特大毛竹，长 15—17 米，竹桩底部打通竹节，将竹竿套在木杆尖上，连接处用 9 个铁箍固定，以防竹竿裂开。整个竹木旗杆长约 33 米。

旗杆（周济生摄）

将杉木和毛竹嵌套成旗杆（周琼琼摄）

4. 拢笋竹

即撑杆，每根长 12 米，共 36 根，上端有小孔，系麻绳，竖旗时系在旗杆上，依靠拢笋竹的笋力把大旗缓缓竖起。大旗竖好后，拢笋竹分成伞形以支撑住大旗。

拢笋竹（周济生摄）

5. 旗索

共 8 条，3 条系于旗杆上的竹、木连接处，在迎竖大旗时，用于拉动大旗并调整大旗的倾斜方向，使旗杆保持垂直。

绳索（周济生摄）

6. 旗叉

呈 Y 字形，在竖大旗时用于推动旗杆。

旗叉（马时彬摄）

7. 旗杠

迎大旗时作扛抬大旗之用。

左右两根为抬扛用的旗杠（周济生摄）

[贰] 迎大旗的步骤及迎竖技巧

1. 迎大旗的步骤

迎大旗包含祭旗、穿旗、竖旗、迎旗、收旗五个主要环节，需 80—100 名壮汉（称"旗脚"）分工协作完成。参与活动各村以旗杆高度、旗面大小、绘绣水准、迎竖技巧等为标准互竞高下，以高、大、精、巧者为胜。

（1）**祭旗**。各村迎大旗队伍持旗头和福礼先到玉山茶场庙祭拜茶神。

参与祭拜者持旗头，带上祭品，至玉山茶场庙后，将旗头放置一旁，摆好祭品，点清香，念经，读祭文，诵吉利话，例如：刀枪归库、马放南山，风调雨顺、国泰民安，五谷丰登、六畜兴旺等等。

2008年岭干村的龙虎大旗祭词如下。

茶场庙祭旗（马时彬摄）

伏以：

一泗天下，南瞻部洲。

今居中华人民共和国浙江省金华府磐安县尚湖镇岭干村，公元二〇〇八年十一月廿九日良辰，奉接茶场庙真君大帝、真君夫人受领福礼：犄头白羊、团圆红果、珍珠白米饭、水花豆腐、净酒彩果。今供奉真君大帝、真君夫人，有求必应。（拜）

明嘉靖三十一年，倭寇犯我国土，掠我财物，屠我百姓，焚我房屋，惨无人道。我民众奋起反抗，加入戚家义军，高举战旗，英勇战斗。今寇已灭，民已安，为奠我浴血奋战将士，慰藉亡魂，激励后人，迎龙虎大旗。龙虎大旗，雄壮威武，擎旗壮士，精神抖擞，勇往直前，战无不胜。（拜）

求真君大帝保佑风调雨顺、国泰民安、五谷丰登、六畜兴旺！保佑老者身体健康，长福长寿；少者快长快大，文星高照；行商者生意兴隆，财源广进；农耕者科技致富，粮食满仓；佑我子民空手出门，满手回家，万事如意，兴旺发达，荣华富贵万万年！

尚飨！

（2）**穿旗**。迎大旗队伍分工组装旗杆、旗面、旗头，绑拢笮竹，系旗索，挖底坑，以备竖旗。具体步骤和技巧如下：

1）在场地正中挖一浅坑，把旗杆底部对着浅坑平放地上，接

穿旗（周琼琼摄）

好竹、木旗杆，并箍牢铁箍，把旗面套在竹旗杆上扎缚牢固，顶端再接上旗头。每个接头处需仔细检查牢固程度。

2）36 根拢耸竹，每根需 1—2 人掌握，各司其职。拢耸竹连接在木旗杆的同一受力处，8 根旗索，其中 5 根粗的系在竹、木旗杆连接处，3 根细的系在竹旗杆上端同一处。

3）由一人担任指挥，先把旗杆底部按入浅坑中，数人用撬杠撬住旗杆下端的横档，防止旗杆受力向后滑动，数人手执旗叉，

挖坑（周济生摄）

绑拢笋竹（周济生摄）

掌握拢耸竹和旗索的人各守各位，在统一指挥下，所有人齐心协力开始竖大旗。此时，锣鼓紧催，鞭炮齐放，场面热烈而壮观。

（3）**竖旗**。一人指挥，其余人用撬杠、旗叉、拢耸竹和旗索分别在各自位置协调用力，竖起旗杆。而后拢耸竹、拉旗索人员迅速以旗杆为圆心呈伞状均匀散开，保障旗杆不倾斜。

竖大旗最大的技术难度在于"竖"。由于旗杆下粗上细，每

一人指挥，众人齐心（蒋秋良摄）

竖旗时旗脚和拉绳索场景（陈建荣摄）

个部位拉力和推力都要严格保持相等、均衡，稍有不均衡便会折断旗杆。拢耸竹可拉可推，由于人多，又处在旗杆的着力处，所以竖旗的主要力量集中于这个部位。上端的旗索必须与这个部位保持力量平衡，否则，拢耸竹部位力量太大，上面旗索力量太小，旗杆就易折断；反之，拢耸竹部位力量小，旗头处旗索力量太大，同样容易折断。竖的过程需要上百人高度统一协调，齐心协力，方可成功。

拢耸竹、旗索及旗叉作用的力量基本是拉力和推力，作用力的方向基本一致，将大旗从地上开始缓缓向上竖，待大旗基本竖

顶旗叉和拢笋竹竖旗时的场景（周济生摄）

正，拢笋竹、拉旗索人员迅速散开，呈伞形立于大旗四周，拢笋竹之间及旗索之间，以旗杆为圆心分割圆的角度基本相等，以保持大旗不倾斜。大旗缓缓竖起时，由一人抱住旗面，以免大旗飘开影响迎竖，等竖到一定高度，才放手让大旗飘开，此时大旗迎风招展，猎猎飞舞。

竖旗全景（孔黎明摄）

（4）迎旗。大旗竖正后，开始迎。

指挥者一人站到旗杆底端的横档上，一手抱住旗杆，眼睛顺旗杆向上看准旗头倾斜方向，另一手指挥，保证大旗维持垂直。横档下放两根旗杠，由16人分成两组在旗杠两头用肩把大旗连同指挥人员一起抬起，开始缓缓绕场"迎"一圈。为保持旗杆垂直、平衡，每个人必须围着旗杆保持"原状"整体移动。迎大旗具有一定的危险性，技术难度很大，如果大旗倾斜倒下，便会产生毁

抬旗准备（周济生摄）

旗杆抬离地面（周济生摄）

迎旗（金玉良摄）

旗伤人的后果，所以需要人人全神贯注，丝毫不得马虎。大旗绕场一圈后回到原地，用拢耸竹旗索呈伞形固定。

（5）**收旗**。大旗回到原点后，一人指挥，其余人掌控旗叉、旗索、拢耸竹等，协调用力，平放大旗。

由于大旗倒下不同于砍树，可以让它随意轰然倒地，所以同样存在竖时的技术难度，甚至比竖时更难把握。

收旗（蒋秋良摄）

2. 大旗迎竖技巧

迎大旗是国内少有的群体性民间传统竞技活动。迎大旗的过程如同平地起高楼，而且过程中并没有使用任何现代工具，只有杉木、毛竹、绳索等寻常物件。不借助现代工具，要在3分钟的时间里竖起30多米高的大旗，得益于在迎竖之前，对每个环节都有精细的设计；在迎竖过程中，众人合力，分工协作，心往一处放，劲往一处使。

所谓智慧在民间，实践出真知，虽然每一位竖旗人都不是力学工程师，但他们的技巧和设计，都是出自实践的探索和经验的

准备就绪（孔黎明摄）

积累。

　　迎大旗之前的准备工作暗藏着不少门道。大旗运到现场后，首先要在旗杆底座的位置挖一条槽，这条槽由深到浅，使旗杆嵌入槽中后呈一个向上的角度，撬起的旗杆下面就有了支撑点。

　　旗杆下半部分是杉木，取其刚性，做坚固的基础；上半部分是毛竹，取其韧性，使旗杆百折不断，因材量物，各适其用。

　　用来撑起大旗的 36 根拢耸竹集中于一点精准发力，大家力往一处使，才能够不做无用功，确保大旗笔直地竖上去。

　　精巧完备的设计是迎大棋成功的一半，另一半要在撑起大旗的 3 分钟内见分晓。竖起大旗的整个过程可以说是紧张而有序，

最大旗面达579.8平方米（周济生摄）

用一个词概括就是众人合力。

开始阶段，众人合力更多体现在一个"拼"字上。这个时候众人用力只有一个方向，那就是奋力向上；但是当大旗竖到一定高度时，如果不控制方向，大旗随时可能会失去平衡，这时候的众人合力更多地体现在一个"稳"字上，每一个支撑的人都必须各司其职，听从指挥，阵型绝对不能乱，只要有一个人站错位置，整个阵型就可能像多米诺骨牌一样倒掉。

迎大旗需要一人任总指挥，其余人竖旗杆、撑拢耸竹、牵引绳索。力气最大的去竖旗杆，其次撑拢耸竹。如果说撑要众人合力的话，那么拉就要胆大心细用巧劲。这是技术活，考验的是精确的角度和恰到好处的力度。如果角度和力度不对，大旗甚至可能被折断，所以，牵引绳索的人往往是村子里面最富有经验的老人，牵引时站在最外围，对于全局看得最全面也最清晰。每根绳索由三人一组牵引，三个人的间距在 4 米以上。牵引绳索的人眼睛要亮，要会看旗头，还要互相配合。旗头往东，绳索就要往西拉；旗头往北，绳索就要往南拉。竖的过程中看旗杆，竖上去后看旗头，旗头正就算竖好了。

［叁］迎大旗的竞技性与观赏性

迎大旗活动源起于磐安本地独特的民俗文化，并逐步发展为一种集体性的体育竞技游艺活动，兼具竞技性与观赏性，是力与美的结合，是带有游艺性质的民众集体狂欢和情感释放，是体育、游艺、民俗的综合体。

迎大旗追求高、大、精、巧的竞技性，以旗杆高、旗面大、彩绘精、迎竖动作巧为竞技娱乐标准。同时，迎大旗的活动过程中，也凸显了集体认同和参与的娱乐性。在迎大旗中获胜，是整个村庄实力和声誉的象征，因而每个队员都积极参与。

迎大旗竞技，一比大旗的规模、图案、色彩。

2015年赶茶场迎大旗（周济生摄）

相传南宋时所迎的旗并不大，后来越变越大，以示隆重。如今，磐安龙虎大旗旗面之大，世界上独一无二。

忠信庄村幸存下来的老旗旗面长 16.1 米，宽 17.6 米，旗杆长 26.6 米。据称这还是当年最小的一面大旗。经过修复后，目前此旗最高旗杆 37 米，最大旗面达 579.8 平方米。

除了旗面大小，各个村也在旗面的图案和色彩上较劲。大旗竖起来后迎风飞舞，远观真有龙虎相争之气势，因此这也成为各

忠信庄村收藏的清代龙虎大旗（周琼琼摄）

个村之间互相比拼的焦点，看哪个村的大旗更高、更大，图案色彩更鲜艳靓丽。

虽然都称为龙虎大旗，但其实每个村的大旗图案并不相同。忠信庄村保留的老旗，图案上有红日、祥云、青松，空中有一龙一凤，地上二虎一豹，海中一游龙，画面风格较为典雅。后来新做的大旗，一条龙在云中隐现，口喷水柱，二虎一豹仰天长啸，一副龙争虎斗的场景跃然旗上。与其他村大旗以龙虎为主要元素不同，里光洋村的大旗图案别具一格，龙虎相争之间，还有八仙过海各显神通的图案，体现了本村民俗特色。岭头村的大旗图案中则有雷公雷婆形象。每个村的大旗图案各有特色，风格不一，均体现了农民画色彩鲜明、笔浓彩重，构图随意奔放、拙中藏巧的特点。

迎大旗竞技，二比迎竖技巧。

大旗是茶场庙会的主要象征。大旗在迎竖过程中折断旗杆或出现其他问题，会被视为不吉利。如果本村大旗不能获得优胜，一村人都会不高兴，甚至在一段时间内都会感到失面子。迎大旗关系到民间信仰以及集体荣誉，因此，其竞争相当激烈。

岭头村旗面（磐安县非遗中心提供）

岭干村"娘旗"旗面（周琼琼摄）

通过竞技，迎大旗活动形成了一定的规矩。如前文所述，首先需待尚湖镇岭干村的"娘旗"竖好后，上一年的优胜旗再跟着竖，迎竖的场地也由其先选择，这两面旗竖好后，其他各村的旗才能开始迎竖。

因此，当年未得优胜的村庄，都会暗下决心来年争得优胜；取得优胜的村庄为保持地位也须更上一层楼，加倍努力。这种荣誉感促进了迎大旗活动的蓬勃发展，使其具有强大的传承生命力。

　　迎大旗观赏性非常强，作为赶茶场活动中最引人注目、最富有特色的项目，每次都是观者云集，家家户户都要邀请亲朋好友来看大旗。

　　迎大旗体现了原生态之美。迎大旗的参与者都不是专业的演员，而是当地的普通农民，也许来到现场之前，他们才刚把手里的锄头放下。迎竖大旗的过程中，锣鼓紧催，人声鼎沸，有气壮山河之势。参与迎大旗的人员大声吆喝，动作既粗犷又协作一致，山民那种靠群体意志在大自然中拼搏求生存的情景表现得淋漓尽致。

　　迎竖过程震撼人心。长达三十几米的旗杆相当于十几层楼那么高，旗面差不多可以覆盖一亩土地，从线到面，从平面到立体，可以说是一项令人惊叹的空间艺术，表演之惊险，场面之壮观，气势之宏大，绝无仅有。几面大旗同台竞技，其宏大气势更是动人心魄。当数面大旗在蓝天下迎风飘扬，猎猎作响，给人的震撼无与伦比。

　　有的村庄在竖起大旗后，还要将大旗抬空，徐徐绕场一周，掀起又一轮高潮。

　　玉山古茶场迎大旗，每次总能吸引各地摄影师成群结队而来。古人用诗歌表达对迎大旗壮观场面的赞美，今人则用相机凝固这一个个激动人心的时刻。

大旗飘扬（周济生摄）

五、迎大旗的内涵与价值

迎大旗蕴含着传统的文化内涵，丰富的人文价值。它是磐安茶叶经济的产物，是民间许逊信仰的见证，是磐安抗倭运动的遗存。

五、迎大旗的内涵与价值

原浙江省委书记夏宝龙点赞迎大旗（金玉良摄）

　　迎大旗蕴含着传统的文化内涵，丰富的人文价值。它是磐安茶叶经济的产物，是民间许逊信仰的见证，是磐安抗倭运动的遗存。它也凝结着磐安特有的地域文化，体现了山地人民的审美特性，展示着充满力量的原生态之美。同时，作为一项产生于农耕社会、流传了几百年的民俗活动，不论是物质还是精神层面，迎大旗在当下社会仍然有着多元的价值以及积极的意义。2016 年，时任浙江省委书记夏宝龙到玉山古茶场调研，现场观摩迎大旗后，称赞其不仅代表"磐安精神"，也代表着"浙江精神"，他认为老百姓就是需要多一些这样的活动以振奋精神，凝聚合力。

[壹] 传统的文化内涵

非物质文化遗产源自民间，来自实践，是老百姓日积月累的智慧结晶，是群众的社会生活和情感表达，有着悠久的历史和深厚的底蕴。迎大旗具有民俗、艺术、体育竞技相融的多元性，与磐安本地独特的茶文化、庙会文化、民俗文化渊源深厚，是地方历史和文化的活态载体。

迎大旗的起源传说之一与许逊有关。在磐安的民间传说里，晋代道士许逊为玉山发展茶叶生产、探索茶叶制作工艺和打开茶叶销路作出巨大贡献，百姓感念其功德为其建庙立像，世代供奉，尊称其为"真君大帝""茶神"。迎大旗最初正是玉山地区茶农为纪念许逊功绩而进行的。迎大旗因道而生，因茶而盛，与磐安县国家级文物保护单位玉山古茶场息息相关，一脉相承，体现了玉山茶文化、道教文化独特的表现力、创造力和感染力。

明代，迎大旗又融入了戚继光抗倭的传说。据传，戚继光曾在玉山训练将士，打出龙虎大旗旗号，令倭寇闻风而逃。迎大旗正是明代磐安抗倭运动的"遗产"，体现了英勇的磐安人民面对侵略，团结一致、奋勇抵抗的精神。

迎大旗包含祈求来年风调雨顺、五谷丰登、国泰民安的美好寓意，带有浓郁的地方特色，至今保存着古代民间祭祀、祈求等习俗。如迎大旗之前到茶场庙祭拜茶神许逊、迎大旗时踩踏麦田祈求来年丰收等。

迎大旗的原始宗旨跟其他祭祀有相同点，但它的群体性、广泛性、功利性更加突出。首先它是一项群体活动，参与者是一村、一族人。其次，具有相对统一的目的性，祈求的是一方或一村的平安、丰收与安康。再次，其功利性是千家万户美好祈愿的聚合，如参加迎旗者个个都很"利市"，一年内能祛邪消灾，好运常驻；大旗下站立过的小孩胆子壮大，能健康成长等。

迎大旗体现了独特的艺术魅力。

迎大旗集体育、游艺、绘画、器乐于一体，旗杆高、旗面大、绘画美、锣鼓壮阔，气势磅礴，震撼人心。

大旗制作涉及丝织、缝纫、印染、绘画等诸多传统手工技艺，孕育了一批当地制旗艺人。如玉山镇岭口村的胡奎连及周连根（师）、厉香岳（徒）三人，多次为各村绘制大旗，画工精湛，精美绝伦，技艺过人。尚湖镇忠信庄村保存至今的清代大旗，由16条宽63厘米、长15厘米的白色手织蚕丝布拼接，以宽53厘米的蓝、黄、暗红三色蚕丝布镶边；旗头新颖别致并饰有流苏飘带，极像彩凤点头，光彩夺目。

忠信庄村另两面大旗也出自本地民间画师厉香岳之手。厉香岳（1935—2009），又名肇周，磐安县玉山镇上月坑村人，自幼喜爱书画，曾拜民间艺术家周子祥、张二鹏、袁玄琴等老先生为师，从事民间艺术50多个春秋。20世纪70年代，厉香岳用自创的中式油画在家具橱窗上画动物走兽，多以虎、象、鹿、猫等为题材，成就了玉山台地特有的农民油画。厉香岳两次受邀为忠信庄村绘大旗，第一面大旗耗时40多天，第二面大旗用时80多天，迎竖在济南国际茶博展览会上。

玉山古茶场上迎风飘扬的大旗，其丰富多彩的图案题材、独一无二的制作样式，均证明了民间艺人丰富的想象力和多样的创造力，具有较高的艺术观赏价值。

[贰] 时代的多元价值

不论是在精神层面还是情感层面，或者是社会经济角度，作为一项流传了几百年的民俗活动，迎大旗在当下仍然有着非常积极的意义。如果从时代的角度重新审视迎大旗，会发现它身上所凝结的更为多元的价值。如今，迎大旗不只是一门非遗技艺，更是展现了磐安民俗的大情怀，磐安人民的精气神，具有教育价值、社会价值。

1. 迎大旗体现了团结协作的精神

参加赶茶场活动的大旗，少则十来面，最多时达到36面。其

参与面之广、人数之多，在单项民间艺术活动中较为少见。从前交通不发达之时，各村到茶场庙迎大旗，需要起早赶路。人们脚穿草鞋，腰系汗巾，扛着旗杆、拢耸竹、大旗等走几十里山路，依然精神抖擞，乐此不疲，极具精神激励价值。

迎大旗被誉为"平地起高楼的空间艺术"。迎大旗过程中，为保持旗杆垂直、平衡，每个人必须围着旗杆保持"原状"整体移

龙虎大旗（厉金未摄）

动。整个过程中，全体人员各司其职，齐心协力，体现了极强的凝聚力和团队协作精神。一个村庄参与迎大旗，不但需要具备经济实力，也需要全村有良好的精神风貌。因此，大旗竞技不但推动了活动自身的发展，也有利于社会安定团结，百姓凝心聚力，推动精神文明建设。

2. 迎大旗连接着一村一族的情感

在农耕时代，村落作为一个基本的单位，是整个社会最坚实的基础。一个家族乃至一个村庄，往往有着强大的凝聚力。从农耕社会进入工业社会之后，随着工业化和城镇化的快速推进，农村人口大量向城镇特别是大城市转移，导致农村"空心化"现象日益严重，许多村庄平时只剩老人孩子留守，只有过年过节时才迎来短暂的热闹。人口的流失，不可避免地带来村民之间交往的减少，情感的稀薄，以及故土认同感的稀释。每到迎大旗的时候，迎大旗负责人就会提前和在外地的村民联系，把他们都叫回来，迎大旗成为连接村民情感的纽带，一个村庄的凝聚力从中得以彰显。

3. 迎大旗蕴含着丰富多元的教育意义

在近些年的非遗保护和传承中，非遗进校园、非遗进课本，已成为较为普遍的做法。非遗进校园，不仅是技艺传承，也是所承载的文化内涵的延续。推进非遗教育课程进校园，是传承弘扬

传统文化、实现立德树人目标的有效途径，对增强学生民族自豪感、时代责任感、历史使命感具有重要意义。迎大旗所展现的文化内涵与艺术魅力，所凝结的团结协作、奋勇争先精神，以及奋勇抵抗侵略的爱国主义精神，不论是从美育还是从德育角度，对于学生来说都有着丰富多元的教育意义。同时，也是学生了解家乡、热爱家乡的良好载体。

4. 迎大旗是提升地域文旅品牌的重要抓手

非遗作为优秀传统文化的重要组成部分，蕴含着文化力量，已成为产业发展重要的文化资源。大旗是大展宏图的象征，有着旗开得胜的寓意。迎大旗过程激动人心，场面震撼，因而在节会活动中深受欢迎。如今，迎大旗活动已成为磐安的文化名片，不再局限于单一的庙会活动，已成为一种文化常态，有了专门的队伍服

2002年参加浙江省茶博会开幕式（磐安县非遗中心提供）

务于全域旅游和各种节庆活动，实现了经济效益和社会效益统一：1995 年 4 月参加金华火腿博览会，1998 年 10 月获中国电视吉尼斯纪录，2002 年 6 月参加浙江省茶博会，2003 年 4 月参加余杭茶圣节，2003 年 9 月和 2013 年 9 月分别参加磐安县复县二十、三十周年庆祝活动，2005 年 8 月在横店清明上河图景区被评为"八婺民间艺术精品项目"……近些年来，磐安龙虎大旗的身影更加频繁地出现在各种活动中，在省级媒体甚至中央媒体频频露面。

央视军事农业频道《过年了》栏目"迎大旗"活动拍摄现场（周琼琼摄）

六、迎大旗的保护、传承与发展

磐安迎大旗保护过程中的经验，对于体育竞技类非遗保护工作有一定的借鉴意义，也值得非遗保护工作者思考和进一步探索。

六、迎大旗的保护、传承与发展

清晚期以后，中国社会内忧外患，经济凋敝，玉山古茶场不复繁荣，迎大旗活动也渐渐偃旗息鼓。此后经历一段特殊历史时期，大旗旗面被毁作戏服，迎大旗活动面临危险境地。改革开放后，在有识之士的呼吁与奔走之下，玉山古茶场得以有效保护，并成为国家重点文物保护单位。迎大旗活动也在众人努力下渐渐复苏。1992年，龙虎大旗重新在玉山古茶场上空飘扬。

此后，在非遗保护的大背景下，磐安秉承"保护为主，抢救第一，合理利用，传承发展"工作方针，针对迎大旗活动制订详细保护计划，探索出了迎大旗保护、传承与发展的创新模式。

[壹] 保护措施与成效

1. 玉山古茶场和迎大旗活动的演变

迎大旗活动的兴起和衰落，与玉山古茶场的兴衰密不可分。

元代，玉山地区出现抗元斗争。一个叫杨镇龙的宁海人，曾与文天祥合兵抗元。他回宁海后，组织义军，曾攻占宁海、象山。至元二十六年（1289）入据玉山，以二十八都、二十五都为基地，杀马祭天称尊，称"大兴国"，玉山人民义无反顾地大力支持。杨镇龙兵败后，玉山地区遭到了元军的疯狂屠杀和残酷血洗。在这样的情况下，玉山的茶叶生产和民俗活动受到了严重影响。

经历了元代的衰弱后，明代玉山古茶场进入兴盛时期，迎大旗活动也迎来一个高峰。此后，根据现有史料可知，茶场庙在乾隆辛丑年（1781）曾重建开光，后被太平军所毁。清晚期至民国，玉山原茶叶市场景象萧条，难以为继。加之清道光年间尖山设市，玉山古茶场综合性市场功能随之失去。晚清和民国时期，茶场庙经过两次重修。在第二次修建时因茶叶市场不旺，茶场部分管理用房改为观音禅院。

光绪末年，玉山盗匪猖獗，原白峰、夹溪无力维持地方安宁，百姓"合词以请于大府，始以县丞驻玉山，哨官驻茶场庙"。民国初，又驻"粮厂、警局"。至20世纪三四十年代，区署和巡官均驻于此地。

根据《东阳玉山周氏宗谱·周竹香先生六旬晋三寿序》记载：

> 洎乎"七七事变"，奉令动员抗敌，连年奔波，备尝辛苦。及闻慈母见背，即捐官回家丁忧。服既阕，任岭口乡长，为地方服务，劳绩也著。茶场庙为旧玉山七都共有，其房屋软产，无人整理，以致倒塌失管。先生乃本大公无私之真诚，发起组织茶场庙管理委员会，捐募巨资，修葺焕然一新。

曾任庆元县县长的周竹香先生是老同盟会会员，参加过辛亥

革命光复省会杭州之战役，因丧母捐官返家，见茶场庙房屋与设施均已败颓，于是组织茶场庙管理委员会集资重修。

1949 年之后，茶场庙的设施被毁，房屋在"土改"时为东阳县房管会登记，新中国成立初期，马塘供销社以茶场庙扩建管理用房，茶场则被用作马塘酒厂。1950 年"土改"时，古茶场管理作房、茶场一间厢房分给私人居住。"文化大革命"中，因为玉山古茶场四周的乡村民风淳朴沉稳，毁坏较少，大多数建筑得以保存。

1992 年，张路垚等人重新组织茶场庙管理委员会，并通过集资先后赎回全部房屋。1994 年重建庙宇。2001 年 8 月，磐安县政府将玉山古茶场列为县级文物保护单位。2002 年 3 月，成立茶场庙文物保护委员会，负责古茶场的保护管理。2005 年 3 月，浙江省政府将玉山古茶场列为浙江省第五批文物保护单位。2006 年 5 月，国务院将玉山古茶场列为全国重点文物保护单位，省政府拨款 500 万元用于古茶场的修缮和保护。2006 年 10 月，磐安县机构编制委员会批文组建玉山古茶场文物保护所，组织三名职工进行管理。如今，这个保存完好的古茶场，是我们品味中国茶文化的"活化石"。

迎大旗作为磐安东北部山区群众自发组织的民间体育竞技、游艺活动，历史上一直伴随着茶场庙庙会的兴衰而发展演变。玉山茶场衰落后，迎大旗也一度沉寂甚至消失，直到 20 世纪 90 年代才重新把大旗迎到了玉山茶场。然而，迎大旗面临着传承人老龄化、带徒授艺难、旗手组织难、大旗制作和彩绘艺人不足等问题，需要得到进一步的保护。

从前，迎大旗的各村都建立了旗会组织，一般由各村行政或宗族头首出面，主要负责每年迎大旗的具体事务，同时，也参与调解邻里纠纷及村与村之间的矛盾和纷争，共同负责社会治安、劳动生产等本村重大行政事务，威望比较高。

尖山镇的东里、大园、管头、里光洋、火路岭、大山头、立岭、林庄等村，曾共同成立"八村头"联合旗会组织，共同负责履行迎大旗的各项事务。这种旗会组织，对于各村迎大旗活动和其他赶茶场民俗文化活动的顺利传承起到了决定性的作用。

如今的旗会，往往由村两委负责，在日常管理中，存在旗会组织不健全、人员不稳定的问题，并且经费严重不足。迎大旗从制旗到活动开展需要大量经费，仅制作一面大旗就需要四五万元。

其次，人力方面存在不足。一是旗手不足，因年轻人常年外出打工，村里以老年人居多，传承人缺乏，组织迎大旗活动较为困难；二是民间画师稀缺，目前，能够绘制出传统旗面的画师已经很少；三是群众参与热情不断减退；四是村里开展这种大型娱乐活动的合适空间非常少。

2. 迎大旗传承保护的措施与成效

近年来，磐安把推进非遗保护事业永续发展放到全县经济社会发展大局、文化强县战略方位去谋划和实践，全力做好非遗项目的挖掘、保护、传承、转化，实现保护和传承"双轮驱动"、社会效益和经济效益"互促双赢"。"文旅融合，非遗聚力""和美乡村，非遗先行""文化礼堂，非遗展演"等一系列的探索和实践，使磐安非遗深刻融入磐安民众的精神生活，有效促进了磐安农民的增收致富，产生了广泛的社会效应。

关于迎大旗，磐安有关方面早在几年前就制订了五年保护计划。该计划由磐安县文化和广电旅游体育局指导，制定项目保护管理办法，明确各方责任，各村大旗队负责人、代表性传承人和队员共同参与传承保护工作。目前已经采取相应保护措施，取得了一定的保护成效。

第一，做好专项调查和资料整理。2008年，保护单位对迎大旗重点传承村落进行专项调查，逐渐抢救恢复了数面大旗和相关资料，予以分类建档。已经搜集整理的代表性文献有《玉峰周氏宗谱》《乌岩倪氏宗谱》《磐安县志》《磐安赶茶场》《金华风俗志》《中国风俗词典》等书籍，以及《高扬"龙虎大旗"》（载2015《浙江档案》第7期）、《磐安龙虎大旗》（载2015《浙江档案》第7期）等论文。

第二，积极争取政府各项支持。2013—2018 年，县财政局拨付专门款项用于迎大旗的保护传承。项目列入政府购买服务名单，享有优先服务待遇。

第三，重视传承人群保护和培养。申报获批省级非遗代表性传承人 2 名，建成迎大旗团队 6 支，登记在册的传承人 580 多人。2016 年，探索培育"非遗特色团队"模式。2018 年，迎大旗成为尚湖镇初级中学、职教中心的美育课程，有了校本教材，成立艺

迎大旗走进尚湖镇初级中学（磐安县非遗中心提供）

术实践工作坊，并录制舞蹈教学视频。

如今，尚湖中学已成为迎大旗的非遗教学传承基地，学校吸收不同年龄段的学生组建相关社团，并编写《走近大旗》校本教材，每周开展 8 节拓展课，惠及学生 1200 人左右。2018—2020年，开展迎大旗进校园、进课堂 864 节课时，在公共场所开展公益性展示活动 17 次，开展非遗图片展 15 场次。

新创舞台《龙虎旗》节目参加第六届大运河文化节（周琼琼摄）

磐安县职教中心通过缩小大旗尺寸作为表演工具、编排舞蹈阵式等形式，将迎大旗编排成舞台表演节目，经常在全县重大文化节庆活动中亮相，让游客了解这一非遗项目。

2018 年，尚湖镇中心幼儿园组建了非遗课程——龙虎大旗教学团队，同时聘请两位非遗传承人入园指导。该幼儿园努力挖掘龙虎文化，积极开展相关课题研究和课堂教学尝试，撰写论文，并将龙虎大旗纳入园本课程。龙虎大旗非遗项目特色教学逐渐成为幼儿园对外展示的项目。

2019 年，随着户外场地的改造，尚湖镇中心幼儿园将缩小版的龙虎大旗作为游戏材料，在户外活动中供幼儿学习使用，激发孩子们浓厚的兴趣。一方面，将龙虎大旗等非遗项目列入美术活动、户外活动，开展全园普及性教学；另一方面，将这些非遗项目作为拓展性课程，选拔了近 100 名有兴趣的幼儿重点培养。目前，学校拥有教师先锋队、学生大鼓队，为迎大旗吹响号角、击鼓助威。龙虎大旗有稳定的师资团队，其中教坛新秀 1 人、骨干教师 2 人。

同时，幼儿园开发相关拓展课程，开展竖大旗主题教学研究，让迎大旗从实践活动转向文化理解，给孩子们讲述传承人背后的故事，使其感悟非遗项目的底蕴和内涵，传承团结勇敢的大旗精神。

尚湖幼儿园的小朋友体验迎大旗（周琼琼摄）

尚湖幼儿园"迎大旗"传承教学（周琼琼摄）

第四，多路径加强传播和影响力。迎大旗积极参加各项文化活动，以增强项目活力，改善群体生活。近些年，迎大旗屡屡在浙江各地节会上亮相：2017 年，岭干大旗走进横店圆明新园；2017 年 6 月，迎大旗受邀参加第六届大运河文化节；2017 年 7 月，亮相浙江省第八届十大城市戏曲联赛；2018 年，参加"非遗薪传"浙江传统体育展演展评系列活动，荣获"薪传奖"；2021 年，以振兴传统中医药文化为主题定制的大旗在浙江省中药材博览会上高高飘扬。此外，迎大旗频频登上央媒省媒，影响力与日俱增：2014 年，登上央视《地理中国》栏目；2016 年，迎大旗登上 CCTV-7 农业频道《乡村大世界》"过年了——2016 年农民新春联欢会"、浙江卫视《今日评说》；2018 年 6 月，浙江影视娱乐频道播出专题《这里是浙江——众志成城迎大旗》；2018 年 12 月，亮相大型电视纪录片《我们一起走过——致敬改革开放

2018年"迎大旗"获薪传奖（周琼琼摄）

浙八味大旗（严乐乐摄）

40 周年》；2019 年，登上央视《中国影像方志》栏目。

目前，项目传承保护基础逐渐夯实，代表性传承人和群众参与热情高，产生了积极的社会影响。

磐安也在尝试非遗的转化利用。

舞龙源景区建设迎大旗研学基地，常态化开展迎大旗体验活动，不仅让学生了解龙虎大旗的来历和意义，还能现场学习并体验大旗迎竖活动。

此外，积极开展非遗理论研究。2018 年 6 月 12 日，由浙江省文化厅主办，浙江省非遗保护中心、浙江省非遗保护协会、磐安县人民政府联合承办的浙江传统体育学术研讨会在磐安县玉山古茶场召开。来自全省各地大专院校、研究院、非遗保护中心的专家学者和相关非遗代表性传承人共 30 余人参加研讨，共评出获奖论文 41 篇，其中《体育竞技类非遗：在创新中传承 在实践中弘扬》《磐安传统体育类非遗与戚家军遗风渊源浅探》获"非遗薪

学生在舞龙源研学基地体验迎大旗（磐安县非遗中心提供）

传——浙江传统体育学术研究征文"一等奖和三等奖。迎大旗相关系列书籍也相继出版：2011年12月，《磐安非物质文化遗产代表作丛书之非遗集萃》由中国戏剧出版社出版；2020年12月，《磐安非遗图志》由中国文史出版社出版；2020年9月，《磐安非遗大观》由浙江古籍出版社出版。

[贰] 省级代表性传承人和传承群体

迎大旗的集体参与特性，决定了在传承方面与其他非遗有所不同。为此，磐安建立了团体传承的保护模式。目前，迎大旗共有省级代表性传承人2名，分别为尚湖镇岭干村的倪银福、忠信庄村的王仁良，共组建6支大旗队。

1. 省级代表性传承人

（1）倪银福

倪银福，1939年5月出生，尚湖镇岭干村人。

岭干村拥有两面旗，除"娘旗"外，还有一面大旗长18米，宽25米，旗树长16米，长达20米的旗竹算是当时整个玉山的第一竹。

1992年玉山古茶场恢复迎大旗后，作为岭干村村干部的倪银福也开始着手本村迎大旗的恢复工作。2004年岭干村修宗谱时，义乌商人倪承位了解到岭干村大旗的事情之后，当即给予资助，并赞助了384米的旗面布料，帮助岭干村恢复大旗。此后每年农历十月十六日，倪银福都会带领全村 120 名壮汉到茶场庙竖龙虎大旗。

倪银福说，随着人口流动加快，大量精壮劳动力外出，组织迎大旗的队伍变得困难；此外，村里开展这种大型娱乐活动的合适空间也少。他希望有越来越多的年轻人参与这项活动，将龙虎大旗和大旗文化传承下去。

倪银福曾任龙虎大旗会会长，在非物质文化遗产的抢救保护方面做了许多工作，多次受到表扬和奖励。

（2）王仁良

王仁良，1948 年 9 月出生，尚湖镇忠信庄村人。

"文化大革命"期间，整个玉山地区的大旗都被毁，王仁良等人千方百计使忠信庄村的一面大旗得以完整地保存下来。改革开放以后，王仁良组织人员、筹集资金，按照保存的旧大旗式样重新制作大旗，使这一项赶茶场民俗文化活动的标志性项目继续得到保护和传承。

1978 年忠信庄村曾恢复迎龙虎大旗，王仁良虚心向村里老艺人求教，学习迎大旗的技艺以及活动的组织、协调和表演程序等各方面知识，全方位地掌握迎大旗活动的技能，并负责组织指导开展迎大旗活动和保管大旗旗面及服装等一系列工作。

2. 团体传承的保护模式

迎大旗项目比较特殊，参与者众多，因此，磐安建立了团队传承的保护模式。搭设平台，增加传承人的自豪感和成就感，让传承人愿意投身传承队伍，自觉承担起非遗保护、传承、利用的责任和使命，努力推动迎大旗项目的创造性转化、创新性发展，实现迎大旗当代传承的价值最大化，焕发新活力。

在非遗保护的大背景下，磐安迎大旗活动发展迅速，岭干村、忠信庄村、岭头村、里光洋村、三水潭村、尚湖村组建了大旗队。目前，全县登记在册的传承人 580 多人。更富人性化、更具操作性的认定传承机制，提高了传承能力，增强了传承后劲。

迎大旗活动也走出磐安，走向浙江。除了每年农历十月的茶场庙庙会外，各村大旗队也会不定期参加一些区域性文艺表演和竞赛活动，影响力不断加强。

[叁] 延续性传承与发展

非物质文化遗产作为中华优秀传统文化的重要组成部分，承载着中华民族的认同感和自豪感，也代表着我国悠久历史文化的"根"和"魂"。实现非物质文化遗产的当代传承，不仅有助于弘扬传统文化，也能促进文旅融合发展，满足大众新需求。

随着社会的发展，非物质文化遗产被赋予适应时代要求的新内容，如果不保持自身的创新性，会被时代抛弃，更别提开发和保护了。迎大旗也是如此，适度的创新发展也是一种有效的保护，能够增加其发展动力，维护自身生命力。为此，磐安相关部门在融合现代理念与传统价值的基础上，在做好保护和传承的前提下，对迎大旗进行了适度的开发和改造，使其呈现新生态，以更好地挖掘出潜在的经济效益与社会效益。

　　在迎大旗项目上，磐安县走出了保护和传承的创新模式。

2018年6月13日，浙江省非遗薪传传统体育展示展演活动在磐安县玉山古茶场隆重举行（林明泉摄）

1.保护和传承体育竞技类非遗项目创新模式

磐安县与时俱进，大胆探索，从组织架构、管理机制、政策体系到运作方式等方面都做了全方位的创新，形成了体育竞技类非遗项目保护传承的"大旗"模式。

（1）实行村主任负责制，提升对团队的统领力

迎大旗团队中，指挥、拉旗索、拢笤竹等每个岗位的技艺都是口传心授、言传身教，要花费大量时间操作演练，涉及人员组织、场地安保等一系列问题。过去，每逢举办迎大旗活动，都是临时指定一个牵头人，缺乏计划性、统一性、连续性，组织活动费时耗力，工作量大。传承迎大旗活动，必须明确责任人，确定专人牵头负责、统筹协调，才能够指挥有力、步调一致。

磐安县从改变组织架构入手，将迎大旗活动列入相关村村委会工作计划，明确村委会主任为迎大旗团队第一责任人，负责制定培训及展演活动的方案和预案，负责开展活动的人员、场地、车辆、安保等具体事务的分工落实，负责记录活动开展情况、新增传承人基本情况、师带徒教学情况、代表性传承人的签约传承情况等内容，负责大旗、服装、器材等团队资产的管理工作，落实管理人员，明确管理制度，确保随时供得上、用得起。实行村主任负责制，改善了群龙无首、职责不明的状况，使活动一呼百应，人员招之即来，提高了对团队的统领力。

（2）采取团体奖补制，凝聚传承向心力

非遗传承人是非遗项目的体验者和延续者，掌握并肩负传承非遗知识和技艺的重任。代表性传承人的认定奖补，是确保非遗传承工作能顺利开展的重要一环。迎大旗是集体项目，参与人员众多，很难认定某一人为代表性传承人。磐安县完善代表性传承人认定机制，探索团队传承机制，将村委会作为迎大旗项目非遗传承主体，由村集体向县非物质文化遗产保护中心提出非遗特色团队认定申请，再经县文化主管部门审定后确认，每年接受县文化主管部门的考核，设一、二、三级团队，分别给予3万元、2万元、1万元的补助。对于"复制性"培训出一支新团队的，给予额外奖励，如2016年岭干村对接三水潭村，工种一对一传承，"复制"出新的三水潭村迎大旗团队，在三水潭大旗队能独立进行展演后，县文化主管部门给予岭干村和三水潭村各5万元补助。

（3）试行购买服务制，激发队伍创造力

非遗项目的经济效益，在很大程度上影响着它的文化传承。对于传承团队（村庄）来说，每次迎大旗展演投入的人力、物力资源，都需要自行解决，投入多、收益少，对于传承人个体来说，其所掌握的非遗技艺并不能转化为个人收入，传承积极性不高。

非遗项目的主体是民间，要实现非遗项目的传承，政府必须搭建平台，创造条件，让优秀节目有登台亮相的机会。磐安县把

迎大旗参加和美乡村建设现场会展演（金玉良摄）

非遗特色团队列入政府购买服务名单，在政府主办的重大活动中享有优先服务待遇。各迎大旗团队参加的磐安云峰茶文化节、第十届磐安药博会、乡村旅游文化节等活动，采用政府购买服务方式共计奖补 45 万元。统筹使用农民培训专项经费、特色民俗文化活动补助经费，用于扶持团体性非遗项目的传承培训、展示展演。从"等靠要"的生存方式到市场化的竞争机制，探索出非遗传承新路径。一大批平均年龄在 45 岁以下的传承人加入队伍，"结构老化、后继无人"的现象明显改观。在迎大旗过程中，一些村加入了腰鼓队、扭秧歌、抬花轿、小旗舞等助兴节目，大大增强了节目的可看性。

（4）力推常年活动制，扩大项目影响力

非遗项目的保护不等于抱残守缺，传承不等于僵化保守，让扎根民间的非遗重新归于火热的生活，让非遗项目丰富农村文化，接轨旅游经济发展，才能"以古人之规矩，开今日之生面"。

按照习俗，只有每年农历十月十六，玉山古茶场才举行盛大的"迎大旗、赶茶场"庙会，许多游客想看看不上，成为一种遗憾。

近年来，磐安县突破"庙会迎旗"的约束，鼓励迎大旗团队走出磐安，走进市场，常态演出，让更多的民众了解磐安精彩纷呈的非遗项目，也为旅游发展增添了新特色、新活力。近年来，迎大旗项目多次到杭州、金华、义乌等地表演，还登上央视、浙江卫视，收到了非常好的传播效果。尚湖镇岭干村迎大旗团队与横店圆明新园签订合作协议，在圆明新园进行迎大旗展演，不仅让非遗绝活有了更多的展示和传承机会，也成为旅游经济与非遗传承相互推动的一次有益尝试。非遗项目只有走出"深闺"，满足人民日益增长的文化新需求，才能传承更久，赢得更广阔的发展空间。

2. 迎大旗保护经验值得进一步思考与探索

在未来的非遗保护中，如何传承文化基因，创新保护机制，

努力实现传统文化的创造性转化、创新性发展，使之与经济社会相融相通、互促共荣？磐安迎大旗保护过程中的经验，对于体育竞技类非遗保护工作有一定的借鉴意义，也值得非遗保护工作者思考和进一步探索。

（1）实施非遗项目记录工程

磐安有着丰富的非物质文化遗产资源，目前有人类非遗项目1项，国家级和省级非遗项目16项，市级非遗项目37项，县级非遗项目69项。全县710个非遗项目中，体育竞技类项目有30多项，除了迎大旗外，还有叠牌坊、张家拳、花瓶登梯、舞大刀等。这些非遗项目，散落在山祖水源的美丽村落中，是传统文化的宝贵财富，是全域旅游发展的珍贵资源。

磐安组织专门人员开展实地走访踏勘等，充分了解并挖掘非遗资源，对体育竞技类项目的内容与表现形式、流变过程、核心技艺和传承实践情况进行全面、真实、系统的记录。尤其是对一些传承环境或条件发生重大改变、传承面临严重困难的濒危项目，做好抢救性记录工作，记录的核心是非遗项目的内涵和独到技艺。科学选定记录对象，科学采用记录方法，确保记录成果全面完整，可以有效利用。

（2）实施非遗项目传承人培养工程

传承人是确保非遗生生不息、世代相传最为重要的载体。

通过近几年传承，龙虎大旗已恢复到八面（林明泉摄）

随着人们生活理念、生活方式的变化，年轻人的成长经历已渐渐远离非遗项目的保护和传承，外出打工经商人员增多，愿意参与到迎大旗等需要强大体力支撑的非遗项目中的人越来越少，使得非遗项目难以找到合适的传承人。因此，需着眼于文化产业发展的未来，科学制定传承人培养计划和制度，把非遗传承人视作专业技术人才来培养管理。非遗项目所在地要设立专项资金，给予非遗传承人必要的生活补贴，提供政策保障，使其无后顾之忧。对体育竞技类项目的代表性传承人走进学校开展传承培训等，给予一定的工资待遇。特别是对那些有突出贡献的代表性传承人，政府应该提供特殊津贴和补助，用于开展展示展演、资料整理、技艺交流、带徒授艺等传承活动。要重视非遗传承教学基地创建，

面向学生开展非遗知识、技艺的培训和传授，从而扩大非遗宣传，丰富校园文化。

（3）实施非遗旅游品牌创建工程

旅游业发展到新的阶段，游客不再满足于游山玩水，更注重了解一地的人文古迹和民俗风情。磐安围绕"茶文化小镇"建设，开辟茶文化广场，把迎大旗作为重要内容，定期展示展演，增添人文色彩，把小镇创建成非遗旅游经典景区。创建龙虎大旗非遗展馆，通过图片、视频、互动等形式，让游客全方位感受龙虎大旗的恢宏气势和迷人魅力。应用科技手段，将智慧旅游与非遗开

外国友人参与迎大旗（周琼琼摄）

发相结合，使大众对非遗产生新鲜感。制作各种型号的龙虎旗创意产品，作为磐安的特色旅游产品推广。精心排练"非遗一台戏"，在特色景区村巡回演出，让磐安的山水游、美丽乡村游、休闲养生游因非物质文化遗产更富内涵、更具吸引力。

（4）实施非遗生态环境保护工程

工业化、城镇化背景下的非遗保护工作，最大的挑战来自社会环境的变化。政府要谨慎处理经济发展与文化生态保护之间的关系，悉心维护和改善非遗项目的传承环境，努力保持文化生态环境的可持续平衡。加快完善与《中华人民共和国非物质文化遗产法》相配套的法律法规，确保各项法规制度的刚性执行。完善非遗项目名录体系、代表性传承人和代表性传承团队的评审管理制度，不断提高非遗保护工作的规范化水平。根据体育竞技类项目特点，有针对性地制订保护传承和振兴计划，研究保护传承的具体措施。要保留乡村文化广场，做好文化礼堂等非遗传承阵地的建设，保障大旗、服装、道具的供给，使非遗项目传承的环境空间能够得到较好的保护。要以活态保护为主、静态保护为辅的方式，落实好非遗项目的保护，依托时令节庆，开展迎大旗活动，让游客参与和体验乡土风俗，感受传统节日氛围。适应时代新变化，在内容和形式上进行适当的创新变革，拓展龙虎旗的舞台表现力，使之更加符合当代人的审美、娱乐需求，吸引更多人参与进来。

附录 关于迎大旗起源的其他传说

乾隆皇帝游玉山

乾隆皇帝第五次游江南时，听说玉山是个白玉堆积的地方，很想来看一看，就打扮成一个商人，叫随从挑了行李来到玉山。

那时的玉山，到处都是深山密林、苍松翠柏。有些拦路打劫的强盗，时常守在岔路口和紧要关口，一有过往的人，他们就像豺狼一样一哄而出，把行人前后拦住，抢走全部财物。本地人都晓得这种情况，往往绕道而过。乾隆皇帝根本不晓得这些底细，一路上还大摇大摆地向岭上走来。当他路过大步岭时，一伙强盗手持刀棍，突然跳了出来。乾隆皇帝一看就晓得事情不好，但乾隆皇帝也有几下子功夫，就跟强盗们打起来。跟来的随从死的死，伤的伤。

乾隆皇帝一看对方人多，只好边打边退，后来就逃到了茶场庙门口。这里地平树少，无处躲身，后面的强盗仍旧一面喊一面追，眼看越追越近。这时，乾隆皇帝不得已闪进了庙里，跳到黄泥造佛后面，缩成一团，连气也不敢出。

强盗们亲眼看到这人躲入庙中，就叽里哇啦冲进庙里搜查。说也奇怪，刚要搜到佛座后时，忽然刮起一阵奇怪的龙风，顿时满庙灰尘蓬蓬，弄得强盗们睁不开眼，一个个都吓得没魂似的逃了，乾隆皇帝这才定了定别别跳的心，从佛座后面走了出来。他想这次能避过灾难，全靠神佛显灵保佑。乾隆皇帝看佛座是个土地神，真是个救命大恩神，随口把土地神封为真君大帝。这一日，正是农历十月十六。

以后当地人就定十月十六为庙会的日子，这一天，扛大轿、竖大旗，庆贺土地神受封为真君大帝。

搜集人：马深培

整理人：陈继峰

（选自《中国民间文学集成·磐安县故事歌谣谚语卷》）

做大旗的故事

茶场庙的大旗堪称世界一绝。古人说做一面大旗要用绸三百丈，忠信庄留下的那面大旗算是小的，但旗面面积也有

近三百平方米。2009 年岭干村新做的大旗，旗面面积竟达579.8 平方米。改革开放后，玉山大旗已多次出村参加节庆展演，并获得大奖。

做大旗、画大旗、迎大旗都是很神圣庄重的，一举一动都有既定的仪式，不得随便把玩。

据传，以前岭干村做大旗时，摊在一丘七十顷（约 2.3 亩）的田里画图案，画师凝神细想，久久不能落笔。此时对面的一块岩石上忽然跳上来一只老虎，在画师对面蹲着，画师见了非常激动，赶快拿笔挥洒起来。当他把虎的轮廓画好后，虎就不见了。又据传，晚清年间，九和乡南坑村在祠堂里做大旗，旗布摊在竹簟上。一天，一位妇女送点心去给做旗的师傅吃，当时就从竹簟上走了过去。几天后发生火灾，祠堂被烧毁，未做好的大旗当然也被烧毁了。村里就要那个女人赔偿，理由是她不应从竹簟上走。

一场火灾的损失她一个女人哪里赔得起？没办法，她就到新宅村娘家去向父母哭诉。她父母去找村里一个叫张余善的人。这个张余善有胆略又有智谋，在玉山很有名气。他听了事情的始末后坦然地说："等他们村里摆酒席时我去一下就好了，没事的。"

一番工夫用足，新的大旗终于做好了。大功告成之日，南坑人果然摆起酒席，请了玉山的几个头面人物来，边喝酒边说事。张余善也去了，在席上他一直一言不发，后来听听差不多了，就开始问村里几个主事的："你们这次做大旗是在祠堂里做？是摊在竹簟上？"南坑人说："是的。"他又问："你们那些竹全部都是新打起来的？"南坑人说："不，是各家各户集中起来的。"他又问："噢，是各家各户的，那么这些竹簟以前也晒谷、晒玉米吗？"南坑人答："当然晒的，竹簟就是晒东西用的嘛。"这时，张余善一拍桌子猛地站起来说道："好了，既然如此，你们这些竹簟早已被人踩了又踩，走了又走，还能叫她一个人赔吗？这不是敲诈吗？好啦，我们酒也喝了，谢也不谢了，走了。"在场的人都哑口无言，这场公案就此了结。

（选自《磐安非遗大观》）

主要参考文献

1. 磐安县志编撰委员会．磐安县志 [M]. 杭州：浙江人民出版社，1993:1−5.

2. 王旭峰．玉山古茶场 [M]. 杭州：浙江摄影出版社，2008:139−141.

3. 费迪南德·冯·李希霍芬．《李希霍芬中国旅行日记》（下册）[M]. 北京：商务印书馆，2020:35−36.

4. 北斗北．中国武备志 [M] 北京：中信出版集团，2022:44−53.

5. 金华日报社．金华文化地理 [M] 北京：中国市场出版社，2019:366−368.

6. 周天天，马时彬，王海根．磐安赶茶场 [M]. 杭州：浙江摄影出版社，156−159.

7. 李彬．体育非物质文化遗产保护的路径研究 [J]. 南北桥，2019（04）：2−3.

8. 陈新森．非遗当代传承的磐安探索和价值实现 [J]. 环球市场信息导报，2017 (32)：51−57.

9. 倪银福，马诗凯，张江峰．高扬"龙虎大旗" [J]. 浙江档案，

2015（07）：44-45.

　　10. 江南 . 古代军旗趣史 [J]. 钟山风雨，2015(03)：58-60.

后记

　　橘生淮南则为橘，生于淮北则为枳。植物如此，文化亦然。一方水土养一方人，一方水土孕育一方文化。磐安特有的山水赋予磐安人顽强不屈的地域性格，四州六县接壤的地理区位造就了多元丰富的生产生活习俗，古老悠久的历史传承形成了多姿多彩的文化样式。这一切造就了磐安原始神秘、粗犷豪放的山区文化，非遗则是其中富有地域特色、民俗风情、文化积淀的精髓。

　　本书写迎大旗，就是先从磐安的地理特征和地域性格谈起。这是人文地理的视角。所谓人文地理，是指探讨各种人文现象的地理分布、扩散和变化，以及人类社会活动的地域结构的形成和发展规律的一门学科。"人文"二字与自然地理学的"自然"二字相对应，泛指各种社会、政治、经济和文化现象。

　　迎大旗与玉山茶文化密不可分，也与玉山台地的地理特性密不可分。有适宜的土壤，才有茶叶的种植，才有茶叶交易的兴盛，才有作为榷茶以及交易之用的玉山古茶场以及"赶茶场"的兴起。迎大旗因此具备了竞演的时空。

　　迎大旗也与明代抗倭运动息息相关，这在流传于玉山一带的民间传说以及历史上真实发生的抗倭斗争中得到印证，书中已做了详细阐述。

此外，本书撰写过程中，并没有仅仅着眼于迎大旗这项非遗活动的历史文化内涵，而是结合当下，对于其多元的时代价值进行了分析。不论是团结协作精神，还是爱国主义教育，抑或文旅品牌提升，迎大旗在这个时代都具有现实意义。尤其是迎大旗作为集体活动，参与者众多，是民众共同的盛宴，从而成为当下社会维系村落百姓情感的纽带，难能可贵。

在原有调研资料基础上，正式撰写之前，我们重新到岭干、忠信庄、里光洋、岭头、三水潭、尚湖等村进行寻访，召集村中老人座谈，听他们详细讲述龙虎大旗的历史渊源、民间传说、流程步骤等等，再根据村史馆的记录、宗谱记载等，形成进一步的调研资料。在撰写过程中，我们做了相当多的案头查阅和整理工作，从图书馆到旧书店，从《磐安县志》到《磐安风俗志》《磐安文化志》，从一本本书到一篇篇论文，一点点搜寻与迎大旗有关的片言只语；查阅许逊崇拜、明代抗倭运动、古代军旗等的相关论文，希望呈现更多元的视角，更扎实的背景资料⋯⋯

由于笔者水平有限，加之时间仓促，编撰过程中，肯定存在不少错漏，还请各位领导、专家及读者不吝指教。

编著者

2023 年 1 月

图书在版编目（CIP）数据

迎大旗 / 周琼琼 , 陈浪浪编著 . —— 杭州 : 浙江古
籍出版社 , 2024.5
（浙江省非物质文化遗产代表作丛书 / 陈广胜总主
编）
ISBN 978-7-5540-2531-4

Ⅰ . ①迎⋯ Ⅱ . ①周⋯ ②陈⋯ Ⅲ . ①非物质文化遗
产—介绍—磐安县 Ⅳ . ① G127.554

中国国家版本馆 CIP 数据核字 (2023) 第 043902 号

迎大旗

周琼琼　陈浪浪　编著

出版发行	浙江古籍出版社	
	（杭州市环城北路177号　电话：0571-85068292）	
责任编辑	徐晓玲	
责任校对	吴颖胤	
责任印务	楼浩凯	
设计制作	浙江新华图文制作有限公司	
印　刷	浙江新华印刷技术有限公司	
开　本	960mm×1270mm 1/32	
印　张	5.125	
字　数	100千字	
版　次	2024 年 5 月第 1 版	
印　次	2024 年 5 月第 1 次印刷	
书　号	ISBN 978-7-5540-2531-4	
定　价	68.00 元	